AF317417

8908.

9980

L. GAULTIER.

PETIT COURS
D'ÉTUDES ÉLÉMENTAIRES.

GEOGRAPHIE.

LE PETIT COURS D'ÉTUDES ÉLÉMENTAIRES

se compose de trois volumes.

SYLLABAIRE ET PREMIÈRES LECTURES.	1 50
ÉLÉMENS DE GRAMMAIRE	» 90
ÉLÉMENS DE GÉOGRAPHIE . .	» 75

Les dépôts ayant été effectués conformément à la loi, tout contrefacteur ou débitant de contrefaçons de cet ouvrage sera poursuivi avec rigueur.

Les exemplaires sont revétus de la signature de l'Editeur-Propriétaire.

Jules Renouard

ERRATA.

Page 39, ligne dernière : Kecho, *lisez* Ketcho.
Page 40, ligne 3: Cachemire, *lisez* Kachemir.
Page 54, ligne 27: les monts d'Abyssinie le long de la mer Rouge, dans l'Égypte et la Nubie, *lisez* les monts d'Abyssinie, dont une ramification parcourt la Nubie.

Im. r.. chez Paul Renouard, rue Garancière, n. 5.

ÉLÉMENS

DE

GÉOGRAPHIE

EXTRAITS

DES LEÇONS DE GÉOGRAPHIE

DE L'ABBÉ GAULTIER.

NOUVELLE ÉDITION ENTIÈREMENT REFONDUE
ET CONSIDÉRABLEMENT AUGMENTÉE

PAR DE BLIGNIÈRES, DEMOYENCOURT,
DUCROS (DE SIXT) ET LE CLERC AINÉ,
SES ÉLÈVES.

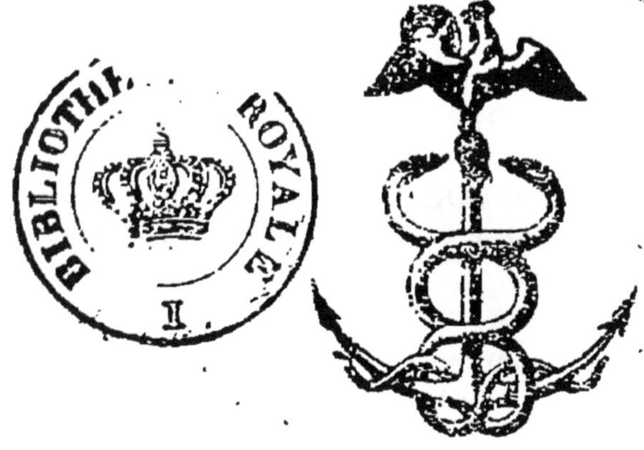

A PARIS,

CHEZ JULES RENOUARD ET Cⁱᵉ LIBRAIRES;

RUE DE TOURNON, N. 6.

1838.

COURS D'ÉTUDES ÉLÉMENTAIRES,
DE L'ABBÉ GAULTIER.

SECTION DE GÉOGRAPHIE.
Revue et corrigée par ses Élèves.

LEÇONS DE GÉOGRAPHIE, 13e édition. 1 gros volume
in-18, avec une planche; cartonné . . . . . 1 fr. 50 c

ATLAS DE GÉOGRAPHIE, contenant 9 cartes color., savoir:

N° 1. MAPPEMONDE.	N° 6. EUROPE CENTRALE emblémat.
N° 2. Idem. *emblématique.*	N° 7. ASIE.
N° 3. EUROPE.	N° 8. AMÉRIQUE.
N° 4. Idem. *emblématique.*	N° 9. { 1° AFRIQUE.
N° 5. EUROPE CENTRALE.	{ 2° OCÉANIE.

In-folio, broché. . . . . 7 fr. 50 c.
Chacune des 9 Cartes ci-dessus, peut être achetée séparément : En feuille. . . . . 1 fr.
        Collée sur carton. . . . . 1 fr. 25 c.

Planisphère colorié. . . . . 1 fr.
 Idem.   emblématique. . . . . 1 fr.
       Collés sur carton, chacun. . . 1 fr. 25 c.
Mappemonde au simple trait. . . 50 c.
Europe. . . . . . . *Idem.* . . . . 50 c.
Europe centrale. . *Idem.* . . . . 50 c.

ÉLÉMENS DE GÉOGRAPHIE, extraits de la Géographie
de Gaultier, 1 vol. in-18, cartonné. . . . . 75 c.
ÉTIQUETTES DU JEU DE GÉOGRAPHIE, 1 feuille. 75 c.
Les mêmes, collées sur carton et renfermées dans un étui,
avec un sac. . . . . 2 fr.

LE COURS D'ÉTUDES ÉLÉMENTAIRES POUR LES ENFANS,
par l'ABBÉ GAULTIER, comprend la *Lecture;* l'*Écriture;*
l'*Arithmétique;* la *Géométrie;* les *Langues française, latine,
italienne;* la *Géographie;* la *Chronologie et l'Histoire;* l'*Art
de penser et d'écrire;* la *Musique;* etc., etc., et se compose
de 22 volumes in-18, 6 volumes in-12, 7 cahiers in-folio et
plusieurs boîtes et étuis.

    Le Cours complet renfermé dans une boîte, et pris en une
seule fois, coûte 70 francs au lieu de 82 fr.

(Chaque ouvrage se vend aussi séparément.)

ELEMENS

DE

GÉOGRAPHIE

EXTRAITS

DES LEÇONS DE GÉOGRAPHIE

DE

L'ABBÉ GAULTIER.

~~~~~~

NOTIONS PRÉLIMINAIRES.

PRINCIPAUX TERMES DE GÉOGRAPHIE.—DIVISION DE LA TERRE.

L'INSTITUTEUR. *Qu'est-ce que la géographie?*

L'ÉLÈVE. La géographie est une science qui enseigne le nom et la situation des divers pays de la terre.

Que signifie le mot géographie? Le mot *géographie* signifie *description de la terre.*

Quelle est la forme de la terre? La terre est à-peu-près ronde; elle a la forme d'un globe ou d'une boule.

Comment peut-on déterminer la situation des divers pays de la terre? On détermine la situation des divers pays de la terre par le moyen des quatre points cardinaux.

Quels sont les quatre points cardinaux? Les qua-
~~~~~~

tre points cardinaux sont: le levant, le couchant, le nord et le midi.

Qu'est-ce que le levant? Le levant est l'endroit où le soleil semble se lever.

Qu'est-ce que l e couchant? Le couchant est le côté où le soleil semble se coucher: il est opposé au levant.

Qu'est-ce que le nord? Le nord est la partie qui se présente à nos yeux lorsque nous avons le levant à notre droite et le couchant à notre gauche.

Qu'est-ce que le midi? Le midi est le point opposé au nord.

Les quatre points cardinaux n'ont-ils pas d'autres noms? Le levant s'appelle encore *Est* ou *Orient*, le couchant *Ouest* ou *Occident*, le nord *Septentrion*, le midi *Sud*.

En quel endroit d'une carte de géographie sont marqués les quatre points cardinaux? Dans une carte régulière le levant est à la droite de celui qui la regarde, le couchant est à sa gauche, le nord au haut de la carte, le midi au bas.

N'admet-on pas encore quatre autres points également éloignés des points cardinaux? On suppose encore quatre points entre les points cardinaux, ce sont: le *nord-est*, entre le nord et l'est; le *nord-ouest*, entre le nord et l'ouest; le *sud-est*, entre le sud et l'est, le *sud-ouest*, entre le sud et l'ouest.

De quoi la surface du globe est-elle composée? La surface du globe est composée de terre et d'eau.

Quels noms prennent les différentes parties de

terre ? Les différentes parties de terre prennent le nom de continent, de contrées, d'îles, de presqu'îles, de caps, d'isthmes, de montagnes, de volcans, etc.

Quels noms prennent les différentes parties d'eau ? Les différentes parties d'eau prennent le nom de mers, d'océan, de golfes, de détroits, de lacs, de fleuves, de rivières, etc. (1)

En combien de parties principales divise-t-on la terre ? On divise la terre en cinq parties qui sont: *l'Europe, l'Asie, l'Afrique, l'Amérique* et *l'Océanie.*

Elles sont situées comme on le voit ci-après.

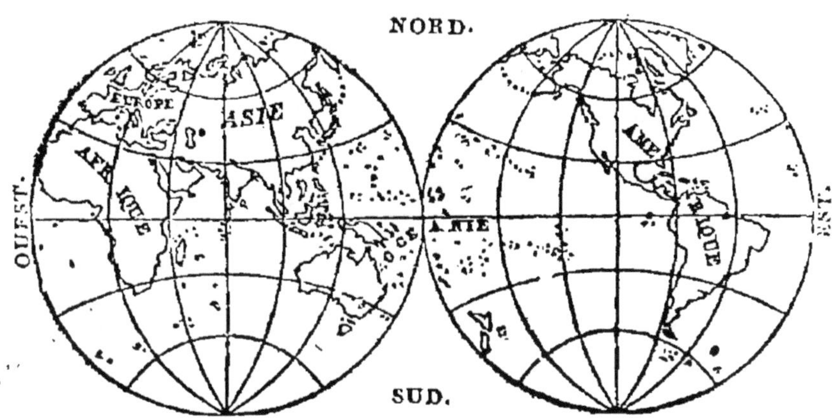

Qu'est-ce qu'un continent ? Un continent est le plus grand espace de terre qu'on puisse parcourir sans passer la mer.

Combien y a-t-il de continens ? Il y a trois continens: 1° *l'Ancien* qui comprend l'Europe, l'Asie et l'Afrique; 2° le *Nouveau,* qui comprend l'Amé-

----

(1) On trouvera les définitions des termes, *contrée golfe, détroit,* etc., en tête des leçons.

rique ; 3° le *Continent Austral* ou *Nouvelle-Hollande* qui fait partie de l'Océanie.

Qu'entend-on par mer ou Océan ? On entend par mer ou Océan la vaste étendue d'eau salée qui couvre à-peu-près les deux tiers du globe, et dont les parties prennent différens noms suivant leur position géographique.

SECTION I.
EUROPE.

—

LEÇON I.
CONTRÉES DE L'EUROPE.

1.

Qu'est-ce qu'une contrée ? Une contrée est une grande étendue de terre qui renferme une nation entière. On entend par nation tous les habitans d'un même pays, vivant sous les mêmes lois ou parlant la même langue.

En combien de contrées divise-t-on l'Europe ? On divise l'Europe en dix-neuf contrées, dont cinq au nord, neuf au milieu et cinq au midi.

2.

Quelles sont les cinq contrées au nord? Les cinq contrées au nord de l'Europe sont: les îles Britanniques, dont la capitale est Londres ; le Danemark, capitale Copenhague ; la Norwège, capitale Christiania ; la Suède, capitale Stockholm; la Russie, capitale Saint-Pétersbourg.

3.

Quelles sont les neuf contrées au milieu?
Les neuf contrées au milieu de l'Europe
sont : la France, capitale Paris ; la Belgique, capitale Bruxelles ; la Hollande, villes
principales, Amsterdam, La Haye ; l'Allemagne ou Confédération germanique, villes
principales, Vienne, Munich, Dresde, Berlin, Hambourg, Hanovre, Francfort-sur-le-
Mein et Stuttgardt ; la Prusse, capitale Berlin, dans la Confédération germanique ; la
Pologne, capitale Varsovie ; la Hongrie,
capitale Bude ; l'Autriche, capitale Vienne,
dans la Confédération germanique ; la
Suisse, villes principales Bâle, Berne et
Genève.

4.

Quelles sont les cinq contrées au midi?
Les cinq contrées au midi de l'Europe
sont : le Portugal, capitale Lisbonne ; l'Espagne, capitale Madrid ; l'Italie, villes principales Turin, Milan, Venise, Florence,
Rome, Naples, etc.; la Turquie, capitale
Constantinople; la Grèce, capitale Athènes.

5.

Qu'est-ce que Londres? Londres est la capitale
des îles Britanniques.

Qu'est-ce que les îles Britanniques ? Les îles Britanniques sont une des dix-neuf contrées de l'Europe, et une des cinq au nord. (1)

6.

Qu'est-ce que le Danemark ? Le Danemark est une des dix-neuf contrées de l'Europe et une des cinq au nord. *Quelles en sont les bornes ?* Il est borné par l'Allemagne et par la mer. (2)

7.

Qu'est-ce que la Norwège ? La Norwège est une des dix-neuf contrées de l'Europe et une des cinq au nord. *Quelles en sont les bornes ?* Elle est bornée par la Suède, la Russie et la mer.

8.

Qu'est-ce que la Suède ? La Suède est une des dix-neuf contrées de l'Europe et une des cinq au nord. *Quelles en sont les bornes ?* Elle est bornée par la Norwège, la Russie et la mer.

9.

Qu'est-ce que la Russie ? La Russie est une des dix-neuf contrées de l'Europe et une des cinq au nord. *Quelles en sont les bornes ?* Elle est bornée par la Turquie, l'Autriche, la Pologne, la Prusse la Suède et la mer.   **10.**

Qu'est-ce que la France ? La France est une des dix-neuf contrées de l'Europe et une des neuf au milieu. *Quelles en sont les bornes ?* Elle est bor-

---

(1) On fera les mêmes questions pour toutes les contrées de l'Europe et pour leurs capitales.

(2) Le maître fera bien de demander si c'est au nord, au midi, etc., que telle contrée borne telle autre.

née par la Belgique , l'Allemagne, la Suisse, l'I-
talie, l'Espagne et la mer.

11.

Qu'est-ce que la Belgique ? La Belgique est une
des dix-neuf contrées de l'Europe et une des
neuf au milieu. *Quelles en sont les bornes?* Elle est
bornée par la France, l'Allemagne, la Hollande,
et la mer.   12.

Qu'est-ce que la Hollande? La Hollande est
une des dix-neuf contrées de l'Europe et une
des neuf au milieu. *Quelles en sont les bornes?*
Elle est bornée par la Belgique, l'Allemagne et la
mer.

13.

Qu'est-ce que l'Allemagne ? L'Allemagne ou
Confédération germanique est une des dix-
neuf contrées de l'Europe et une des neuf au
milieu. *Quelles en sont les bornes?* Elle est bornée
par le Danemark, la Prusse, l'Autriche, la Suisse,
la France, la Belgique, la Hollande et la mer.

14.

Qu'est-ce que la Prusse? La Prusse est une des
dix-neuf contrées de l'Europe et une des neuf
au milieu. *Quelles en sont les bornes ?* Elle est bornée par la Russie, la Pologne, l'Autriche, l'Allemagne, la France, la Belgique, la Hollande et la
mer.   15.

Qu'est-ce que la Pologne? La Pologne est une
des dix-neuf contrées de l'Europe et une des neuf
au milieu. *Quelles en sont les bornes ?* Elle est bornée par la Russie, l'Autriche et la Prusse.

16.

Qu'est-ce que la Hongrie? La Hongrie est une des dix-neuf contrées de l'Europe et une des neuf au milieu. *Quelles en sont les bornes?* Elle est bornée par l'Autriche et la Turquie.

17.

Qu'est-ce que l'Autriche? L'Autriche est une des dix-neuf contrées de l'Europe et une des neuf au milieu. *Quelles en sont les bornes?* Elle est bornée par la Prusse, la Pologne, la Hongrie, la Turquie, la mer, l'Italie, la Suisse et l'Allemagne.

18.

Qu'est-ce que la Suisse? La Suisse est une des dix-neuf contrées de l'Europe et une des neuf au milieu. *Quelles en sont les bornes?* Elle est bornée par l'Allemagne, l'Autriche, l'Italie et la France.

19.

Qu'est-ce que le Portugal? Le Portugal est une des dix-neuf contrées de l'Europe et une des cinq au midi. *Quelles en sont les bornes?* Il est borné par l'Espagne et la mer.

20.

Qu'est-ce que l'Espagne? L'Espagne est une des dix-neuf contrées de l'Europe et une des cinq au midi. *Quelles en sont les bornes?* Elle est bornée par la France, le Portugal et la mer.

21.

Qu'est-ce que l'Italie? L'Italie est une des dix-neuf contrées de l'Europe et une des cinq au midi. *Quelles en sont les bornes?* Elle est bornée par la France, la Suisse, l'Autriche et la mer.

22.

Qu'est-ce que la Turquie? La Turquie est une des dix-neuf contrées de l'Europe et une des cinq au midi. *Quelles en sont les bornes?* Elle est bornée par l'Autriche, la Hongrie, la Russie, la Grèce et la mer.   **23.**

Qu'est-ce que la Grèce? La Grèce est une des dix-neuf contrées de l'Europe et une des cinq au midi. *Quelles en sont les bornes?* Elle est bornée par la Turquie et la mer.

LEÇON II.

MERS DE L'EUROPE.

24.

Qu'est-ce qu'une mer? Une mer est une grande étendue d'eau salée, où se déchargent la plupart des fleuves.

Par combien de mers l'Europe est-elle baignée? L'Europe est baignée par seize mers, dont trois grandes et treize petites.

25.

Quelles sont les trois grandes mers de l'Europe? Les trois grandes mers sont: l'océan Glacial Arctique ou Boréal au nord, l'océan Atlantique au couchant, et la mer Méditerranée au midi.

26.

Quelles sont les treize petites mers de l'Europe? Les treize petites mers de l'Europe sont :

La mer Blanche, formée par l'océan Glacial Arctique ;

La mer Baltique, la mer du Nord, la mer de la Manche et la mer d'Irlande, formées par l'océan Atlantique ;

La mer de Sicile, la mer Adriatique, la mer Ionienne, l'Archipel, la mer de Marmara, la mer Noire, la mer d'Azof ou de Zabache, formées par la Méditerranée ;

La mer Caspienne, qui ne communique avec aucune autre mer.

27.

Qu'est-ce que l'océan Glacial ? L'océan Glacial Arctique est une des trois grandes mers de l'Europe ; il la baigne au nord. *Quelles sont les contrées qu'il baigne ?* Il baigne la Norwège, la Suède et la Russie dans la partie qu'on appelle Laponie.

28.

Qu'est-ce que l'océan Atlantique ? L'océan Atlantique est une des trois grandes mers de l'Europe : il la baigne au couchant. *Quelles sont les contrées qu'il baigne ?* Il baigne la Norwège, les îles Britanniques, la France, l'Espagne et le Portugal.

29.

Qu'est-ce que la Méditerranée ? La Méditerranée est une des trois grandes mers de l'Europe : elle la baigne au midi. *Quelles sont les contrées qu'elle baigne ?* Elle baigne l'Espagne, la France, l'Italie et la Grèce.

30.

Qu'est-ce que la mer Blanche ? La mer Blanche est une des treize petites mers de l'Europe , elle est formée par l'océan Glacial Arctique. *Quelle est la contrée qu'elle baigne ?* Elle ne baigne que la Russie d'Europe.

31.

Qu'est-ce que la mer Baltique ? La mer Baltique est une des treize petites mers de l'Europe : elle est formée de l'océan Atlantique par la mer du Nord. *Quelles sont les contrées qu'elle baigne ?* Elle baigne la Russie, la Prusse, l'Allemagne, le Danemark et la Suède.

32.

Qu'est-ce que la mer du Nord ? La mer du Nord ou d'Allemagne est une des treize petites mers de l'Europe : elle est formée par l'Océan Atlantique. *Quelles sont les contrées qu'elle baigne ?* Elle baigne la Norwège , le Danemark, l'Allemagne, la Hollande, la Belgique, la France et les îles Britanniques.   ### 33.

Qu'est-ce que la mer de la Manche ? La Manche est une des treize petites mers de l'Europe : elle est formée par l'océan Atlantique. *Quelles sont les contrées qu'elle baigne ?* Elle baigne la France et une partie des îles Britanniques.

34.

Qu'est-ce que la mer d'Irlande ? La mer d'Irlande est une des treize petites mers de l'Europe : elle est formée par l'océan Atlantique. *Quelles sont ls contrées qu'elle baigne ?* Elle baigne les îles Britanniques qu'elle sépare en deux grandes parties.

35.

Qu'est-ce que la mer de Sicile? La mer de Sicile est une des treize petites mers de l'Europe : elle est formée par la mer Méditerranée. *Quelle est la contrée qu'elle baigne?* Elle baigne l'Italie à l'ouest.

36.

Qu'est-ce que la mer Adriatique? La mer Adriatique est une des treize petites mers de l'Europe : elle est formée de la mer Méditerranée par la mer Ionienne. *Quelles sont les contrées qu'elle baigne?* Elle baigne l'Italie, l'Autriche et la Turquie.

37.

Qu'est-ce que la mer Ionienne? La mer Ionienne est une des treize petites mers de l'Europe : elle est formée par la mer Méditerranée. *Quelles sont les contrées qu'elle baigne?* Elle baigne l'Italie, la Turquie et la Grèce.

38.

Qu'est-ce que l'Archipel? L'Archipel est une des treize petites mers de l'Europe : il est formé par la Méditerranée. *Quelles sont les contrées qu'il baigne en Europe?* Il baigne la Turquie et la Grèce.

39.

Qu'est-ce que la mer de Marmara? La mer de Marmara est une des treize petites mers de l'Europe : elle est formée de la Méditerranée par l'Archipel. *Quelle est la contrée qu'elle baigne en Europe?* Elle baigne la Turquie d'Europe qu'elle sépare de la Turquie d'Asie.

40.

Qu'est-ce que la mer Noire? La mer Noire est une des treize petites mers de l'Europe : elle est formée de la Méditerranée par la mer de Marmara. *Quelles sont les contrées qu'elle baigne?* Elle baigne en Europe la Turquie et la Russie.

41.

Qu'est-ce que la mer d'Azof? La mer d'Azof ou de Zabache est une des treize petites mers d'Europe : elle est formée de la Méditerranée par la mer Noire. *Quelle contrée baigne-t-elle?* Elle ne baigne en Europe que la Russie.

42.

Qu'est-ce que la mer Caspienne? La mer Caspienne est une des treize petites mers de l'Europe. *Quelle contrée baigne-t-elle?* Elle ne baigne en Europe que la Russie.

LEÇON III.

GOLFES DE L'EUROPE.

43.

Qu'est-ce qu'un golfe ? Un golfe ou une baie est une partie de la mer qui s'avance dans les terres. La baie diffère du golfe en ce qu'elle a ordinairement une moindre étendue.

Combien y a-t-il de golfes principaux en Europe? Il y a en Europe quatorze golfes principaux dont trois grands et onze petits.

Les trois grands sont :

Le golfe de Bothnie et le golfe de Finlande formés par la mer Baltique;

La baie de Biscaye ou le golfe de Gascogne, formé par l'océan Atlantique.

Les onze petits sont :

Le golfe de Livonie ou de Riga, formé par la mer Baltique;

Le Zuyderzée, formé par la mer du Nord;

Le golfe de Valence, le golfe de Lion, le golfe de Gênes, le golfe de Tarente, formés par la mer Méditerranée;

Le golfe de Venise, formé par la mer Adriatique;

Le golfe d'Arta et le golfe de Lépante, formés par la mer Ionienne;

Le golfe de Volo et le golfe de Salonique ou de Thessalonique, formés par l'Archipel.

44.

Où sont placés les trois grands golfes de l'Europe? Le golfe de Bothnie est entre la Suède et la Russie; le golfe de Finlande, en Russie; et la baie de Biscaye ou le golfe de Gascogne, entre la France et l'Espagne.

45.

Où sont placés les onze petits golfes? Le golfe de Livonie ou de Riga est dans la Russie; le Zuyderzée en Hollande; le golfe de Valence, à l'orient de l'Espagne; le golfe de Lion, au midi de la France; le golfe de Gênes, au nord-ouest de l'Italie ; le golfe de Tarente, au sud-est de l'Italie ; le golfe de Venise, au nord-est de l'Italie ; le golfe d'Arta, au nord-ouest de la Grèce ; le golfe de Lépante, en Grèce ; le golfe de Volo, au nord-est de la Grèce ; il forme avec le golfe d'Arta, les limites septentrionales de cette contrée ; et le golfe de Salonique ou de Thessalonique, au midi de la Turquie.

LEÇON IV.
DÉTROITS DE L'EUROPE.
46.

Qu'est-ce qu'un détroit ? Un détroit est une partie de mer resserrée entre deux terres fort proches l'une de l'autre.

Combien y a-t-il de détroits principaux en Europe ? Il y a en Europe dix-sept détroits principaux dont neuf au nord et huit au midi.

Les neuf au nord sont le détroit de Waigatz, le Skager-Rack, le Cattégat, le Sund, le grand Belt, le petit Belt, le Pas-de-Calais, le canal de St-Georges et le canal du Nord ;

Les huit au midi sont : le détroit de Gibraltar, le détroit de Boniface, le détroit de Messine, le canal d'Otrante, le canal de Négrepont, le détroit de Gallipoli ou des Dardanelles, le détroit de Constantinople, et le détroit d'Iénikale ou de Kaffa.

47.

Où sont placés les neufs détroits au nord de l'Europe? Le détroit de Waigatz est au nord de la Russie; le Skager-Rack et le Cattégat font communiquer la mer du Nord avec la mer Baltique; le Cattégat forme le Sund, le grand Belt et le petit Belt; le Pas-de-Calais est entre la France et les îles Britanniques; le canal de Saint-Georges, au sud de la mer d'Irlande, et le canal du Nord, au nord de cette mer.

48.

Où sont placés les huit détroits au midi de l'Europe? Le détroit de Gibraltar est entre l'Espagne et l'Afrique, et joint l'Océan à la Méditerranée; le détroit de Boniface est entre l'île de Corse et la Sardaigne; le détroit ou phare de Messine entre la Sicile et l'Italie; le canal d'Otrante est entre l'Italie et la Turquie et joint la mer Ionienne à la mer Adriatique; le canal de Négrepont est à l'est de la Grèce; le détroit de Gallipoli joint l'Archipel à la mer de Marmara; le détroit de Constantinople joint la mer de Marmara à la mer Noire : ces deux derniers détroits séparent la Turquie d'Europe de l'Asie ; et le détroit d'Iénikale ou de Kaffa joint la mer Noire à la mer d'Azof.

LEÇON V.
ÎLES DE L'EUROPE.

49.

Qu'est-ce qu'une île ? Une île est un espace de terre entouré d'eau de tous côtés, et moindre que le continent. On nomme groupe d'îles une réunion d'îles désignées sous un nom général.

Combien y a-t-il d'îles principales en Europe? Il y a en Europe soixante-cinq îles ou groupes d'îles remarquables, savoir:

Cinq dans la mer Glaciale, ce sont : le Spitzberg, la Nouvelle-Zemble, l'île de Waigatz, l'île de Kalgouef et les îles Loffoden.

Quinze dans l'océan Atlantique, dont trois grandes ; savoir : l'Islande, l'Irlande, la Grande-Bretagne, comprenant l'Angleterre et l'Écosse; douze petites, savoir: les îles Féroer, les Shetland, les Orcades, les Hébrides, les îles Sorlingues, l'île d'Ouessant, l'île de Groix, Belle-Ile, l'île de Noirmoutier, l'Ile-Dieu, l'île de Ré et l'île d'Oléron.

Douze dans la Méditerranée, dont 4 grandes, savoir: la Corse, la Sardaigne, la Sicile et l'île de Candie; huit petites, qui sont: l'île de Formentera, l'île d'Iviça, l'île Majorque, l'île Minorque, les îles d'Hyères, l'île d'Elbe, les îles de Lipari et l'île de Malte.

Onze dans la mer Baltique, qui sont les îles d'Aland, de Dago, d'OEsel, de Gothland, d'Oland, de Rugen, de Bornholm, de Laland, de Falster, de Séeland, et de Fionie.

Quatre dans la mer du Nord, qui son[t] les îles de Sylt, d'Helgoland, de Texe[l] et les îles de la Zélande.

Deux dans la mer d'Irlande, ce sont l'île de Man et l'île d'Anglesea.

Quatre dans la Manche, ce sont : les île[s] de Wight, d'Aurigny, de Guernesey et d[e] Jersey.

Dans la mer Adriatique, les îles Illy[-]riennes.

Sept dans la mer Ionienne, ce sont : le[s] îles de Corfou, de Paxo, de Sainte-Maure, de Théaki, de Céphalonie, de Zante et de Cérigo.

Quatre dans l'Archipel ; savoir : l'île de Négrepont, l'île de Lemnos ou de Stalimène, les Cyclades et les Sporades occidentales.

LEÇON VI.

PRESQU'ÎLES, CAPS ET ISTHMES.

50.

Qu'est-ce qu'une presqu'île ? Une presqu'île ou péninsule est un espace de terre qui est entouré d'eau, excepté par un seul endroit.

Combien y a-t-il de presqu'îles principales en Europe ? Il y a en Europe six presqu'îles principales, dont trois grandes et trois petites.

Les trois grandes sont : la Suède avec la Norwège, entourées par le golfe de Bothnie, la mer Baltique, la mer du Nord et l'océan Atlantique; l'Espagne avec le Portugal, entre l'Océan et la Méditerranée; et l'Italie, entourée par la Méditerranée, la mer Ionienne, le golfe de Tarente, et la mer Adriatique.

Les trois petites sont : le Jutland en Danemark, entre la mer du Nord et la mer Baltique; le Péloponèse ou la Morée en Grèce, entourée par le golfe de Lépante, la mer Ionienne, la Méditerranée et l'Archipel; et la Crimée en Russie, entre la mer Noire et la mer d'Azof.

51.

Qu'est-ce qu'un cap ? Un cap ou promontoire est une éminence de terre avancée dans la mer.

Combien y a-t-il de principaux caps en Europe? Il y a en Europe dix-sept caps principaux qui sont : le cap Nord, au nord de la Suède et formant la pointe la plus septentrionale de l'Europe; le cap Nase ou Lindsness au midi de la Norwège; le cap Skagen au nord du Jutland; le cap Clear, au sud-ouest de l'Irlande; le cap Land's End et le cap Lézard, au sud-ouest de l'Angleterre; le cap de la Hogue, au nord-ouest de la France;

les caps Ortegal et Finistère, au nord-oues[t]
de l'Espagne; le cap Saint-Vincent, au sud
ouest du Portugal; le cap Trafalgar, au sud
ouest de l'Espagne; le cap Saint-Martin, à l'o[-]
rient de l'Espagne, vis-à-vis de l'île d'Iviça[;]
le cap Corse, au nord de la Corse; le ca[p]
Teulada, au midi de la Sardaigne; le ca[p]
Passaro, au midi de la Sicile; le cap Spar[-]
tivento, au midi de l'Italie; et le cap Mata[-]
pan, au midi du Péloponèse.

52.

Qu'est-ce qu'un isthme ? Un isthme est une langue de
terre qui joint une presqu'île à un continent.

Combien y a-t-il d'isthmes en Europe?
Il y a en Europe deux isthmes principaux,
qui sont : l'isthme de Corinthe, qui joint la
Morée à la Livadie en Grèce, et l'isthme de
Pérécop qui joint la Crimée à la Russie.

LEÇON VII.
LACS DE L'EUROPE.

53.

Qu'est-ce qu'un lac? Un lac est un grand amas d'eau
dormante, entouré de terre.

*Combien y a-t-il de lacs principaux en
Europe?* Il y a en Europe vingt-cinq lacs
principaux, dont neuf au nord, sept au
milieu, et neuf au midi.

Les 9 au nord sont : en Suède, les lacs Wener, Wetter, Meler; en Russie, les lacs Saima, Onega, Ladoga, Peipus, Ilmen et le lac Blanc ou Bielo.

Les 7 au milieu sont: en Suisse, les lacs de Neufchâtel, de Genève, de Lucerne et de Zurich; entre la Suisse et l'Allemagne, le lac de Constance; en Hongrie, les lacs Neusiedel et Balaton.

Les neuf au midi sont: entre la Suisse et l'Italie, le lac Majeur et le lac de Lugano; en Italie, les lacs de Côme, de Garde, de Comacchio, de Pérouse, de Bolsena et de Célano; en Turquie, le lac de Zante ou de Scutari.

LEÇON VIII.
CHAÎNES DE MONTAGNES ET VOLCANS.

54.

Qu'est-ce qu'une chaine de montagnes? Une chaîne de montagnes est une suite de montagnes qui se prolonge à une grande distance.

Combien y a-t-il de chaînes de montagnes principales en Europe? Il y a en Europe vingt chaînes principales de montagnes dont neuf grandes et onze petites.

Les neuf grandes sont: les monts Ourals entre l'Europe et l'Asie; les Alpes Scandinaves, entre la Norwège et la Suède;

les Pyrénées entre la France et l'Espag
les monts Ibériens en Espagne; les Al
entre la France et l'Italie; les Apem
qui parcourent toute la longueur de l'Ita
les monts Karpathes dans l'empire d'Au
che; les monts Balkan ou la chaîne de l'I
mus, en Turquie; et le mont Caucase,
s'étend depuis la mer Noire jusqu'à la n
Caspienne.

Les onze petites sont: les monts Chevi
entre l'Angleterre et l'Ecosse; les Gra
pians en Écosse; les montagnes du pa
de Galles, à l'ouest de l'Angleterre; les Vo
ges à l'orient de la France, le Jura, entre
France et la Suisse; les Cevennes, au mi
de la France; les montagnes de la Corse; l
Asturies, la Sierra d'Estrella, la Sierra M
rena, la Sierra Nevada, en Espagne.

55.

*Quels sont les monts principaux parmi les grand
chaînes de montagnes de l'Europe ?* Ce sont:
mont Malahite ou Nethou, le Pic du Midi et
mont Perdu dans les Pyrénées; le mont Blanc, l
point le plus élevé de l'Europe, le mont Rose, l
mont Cervin, le mont Viso, le mont Saint-Ber
nard et le Simplon, dans les Alpes, et le mon
Gargano ou Saint-Ange dans les Apennins.

56.

Quels sont les monts principaux parmi les petites chaînes de montagnes de l'Europe? Ce sont : le Ben-Névis, dans les Grampians, le Snowdon, dans les montagnes du pays de Galles; le mont Lozère, dans les Cévennes; le Cantal, le Puy-de-Dôme et le Mont-Dore, les points les plus élevés des monts d'Auvergne qui sont une ramification des Cévennes; le mont Rotondo, en Corse.

57.

Qu'est-ce qu'un volcan? Un volcan est un gouffre qui s'ouvre le plus ordinairement sur une montagne , et d'où il sort de temps en temps des tourbillons de feu et des matières embrasées. L'ouverture de ce gouffre se nomme *cratère*.

Quels sont les volcans principaux en Europe? Les principaux volcans de l'Europe sont : le mont Etna ou Gibel, en Sicile; le Stromboli dans les îles Lipari; le Vésuve, en Italie, près de Naples; et plusieurs en Islande, dont le principal est le mont Hécla.

LEÇON IX.

FLEUVES DE L'EUROPE.

58.

Qu'est-ce qu'un fleuve? Un fleuve est un grand courant d'eau qui se jette dans la mer. La rive droite ou la rive gauche d'un fleuve est le côté droit ou le côté gauche d'une personne qui suit le cours de l'eau. La source est l'endroit d'où le fleuve sort de la terre. L'embouchure est l'endroit où il se jette dans la mer.

Combien y a-t-il de fleuves principaux

en Europe? Il y a en Europe quarante-deu[x] fleuves principaux, savoir :

Un qui se jette dans l'océan glacial Arcti[-]que, c'est la Petchora ;

Un qui se jette dans la mer Blanche[,] c'est la Dwina du Nord ;

Six qui se jettent dans la mer Baltique[,] ce sont : la Tornéa, la Neva, la Dwina du Sud[,] le Niémen, la Vistule, et l'Oder ;

Neuf qui se jettent dans la mer du Nord[,] ce sont : le Glommen au nord du Cattégat[,] l'Elbe, le Weser, le Rhin, la Meuse[,] l'Escaut, la Tamise, la Tweed et le Tay[;]

Deux qui se jettent dans la Manche ; c[e] sont : la Seine et la Somme ;

Onze qui se jettent dans l'océan Atlan[-]tique ; ce sont : le Shannon, la Saverne, la[,] Loire, la Charente, la Garonne, l'Adour, le Minho, le Duero, le Tage, la Guadiana, et le Guadalquivir ;

Quatre qui se jettent dans la Méditer[-]ranée ; ce sont : l'Ebre, le Rhône, l'Arno, et le Tibre ;

Deux qui se jettent dans la mer Adria[-]tique ; ce sont : le Pô et l'Adige ;

Trois qui se jettent dans la mer Noire ;

ce sont : le Danube, le Dniester, et le Dniéper;

Un qui se jette dans la mer d'Azof; c'est le Don;

Deux qui se jettent dans la mer Caspienne; ce sont : le Volga, et l'Oural. (1)

LEÇON X.
RIVIÈRES DE L'EUROPE.
59.

Qu'est-ce qu'une rivière ? Une rivière est un courant d'eau qui se jette dans un fleuve. L'endroit où deux courans d'eau se réunissent se nomme confluent.

Combien y a-t-il de rivières principales en Europe ? Il y a en Europe trente-cinq rivières remarquables, ce sont :

Le Bug, qui se jette dans la Vistule;

La Warthe, qui se jette dans l'Oder;

L'Aar, le Necker, le Mein et la Moselle, qui se jettent dans le Rhin;

La Sambre, qui se jette dans la Meuse;

La Scarpe et la Lys, qui se jettent dans l'Escaut;

L'Aube, l'Yonne, la Marne, l'Oise et l'Eure, qui se jettent dans la Seine;

L'Allier, le Cher, l'Indre, la Vienne et la Mayenne, qui se jettent dans la Loire;

---

(1) Pour le cours des fleuves et des rivières, voir la section VII

2

Le Tarn, le Lot et la Dordogne, qui se jettent dans la Garonne;

La Saône, l'Isère et la Durance, qui se jettent dans le Rhône;

Le Tessin et l'Adda qui se jettent dans le Pô;

Le Lech, l'Isar, l'Inn, la Drave, le Save la Theiss et le Pruth, qui se jettent dans le Danube;

Et la Kama, qui se jette dans le Volga.

LEÇON XI.

DIVISION DES CONTRÉES DE L'EUROPE AU NORD.

60.

Comment divise-t-on les îles Britanniques? On divise les îles Britanniques en cinq parties:

1° L'Angleterre proprement dite, subdivisée en 40 comtés, capitale Londres, villes principales Bristol, Birmingham, Liverpool; Manchester et York.

2° La principauté de Galles à l'ouest de l'Angleterre, subdivisée en 12 comtés;

3° L'Ecosse, subdivisée en 33 comtés, capitale Edimbourg, ville principale Glascow;

4° L'Irlande, subdivisée en 32 comtés, capitale Dublin, ville principale Cork;

5° Les petites îles, savoir: les Schetland, les Orcades, les Hébrides, les îles Sorlingues, l'île de Wight, capitale Newport; l'île d'Aurigny, l'île de Guernesey, capitale Saint-Pierre ; l'île de Jersey, capitale Saint-Hélier; l'île de Man, capitale Douglas; l'île d'Anglesea, capitale Beaumaris; l'île d'Helgoland, et l'île de Malte, capitale Lavalette. Les îles Ioniennes forment une république sous la protection de l'Angleterre.

61.

Comment divise-t-on le Danemark ? On le divise en partie continentale et en îles.

La partie continentale comprend: le Jutland, capitale Viborg, ville principale Aalborg ; le duché de Schleswig, capitale Schleswig ; le duché de Holstein, villes principales Kiel et Altona; le duché de Lauenbourg , capitale Lauenbourg.

La partie des îles comprend: l'île de Séeland , capitale Copenhague, l'île de Fionie ou Fyen , capitale Odensée ; les îles de Bornholm , de Laland et Falster, l'île de Sylt, les îles Féroer, l'Islande, capitale Reikiavik.

62.

Comment divise-t-on le royaume de Norwège ? On divise la Norwège en six parties principales, qui sont : les gouvernemens de Christiania ou de l'Aggerrhuus, capitale Christiania; de Christiansand , capitale Christiansand ; de Bergen , capitale Bergen; de Drontheim, capitale Drontheim; les îles de Loffoden, et le Finmark ou Laponie Norwégienne, qui est la partie la plus septentrionale de la Norwège, et ne renferme que de misérables bourgades.

Comment divise-t-on la Suède? On divise la Suède en quatre parties, qui sont : la Suède proprement dite, capitale Stockholm, villes principales Upsal et Nikœping; le Nordland qui comprend la Laponie Suédoise, villes principales Luléa et Tornéa; la Gothie ou le Gothland villes principales Christianstadt, Carlscrone Calmar et Gothembourg; les îles, savoir : l'île de Gothland, capitale Wisby; et l'île d'Oland.

La Suède et la Norwège sont gouvernées par le même roi.   63.

Comment divise-t-on la Russie d'Europe? La Russie d'Europe se divise en sept parties qui renferment 49 gouvernemens. Ces sept parties sont :

La Russie Baltique renfermant 5 gouvernemens, villes principales Saint-Pétersbourg; Mittau dans la Courlande; Riga dans la Livonie; Revel dans l'Esthonie, et Abo dans la Finlande.

La grande Russie renfermant 19 gouvernemens, villes principales : Moscou, Smolensk, Tver, Novgorod, Arkhangel, Nidji-Novgorod, Toula, etc.

La petite Russie, renfermant 4 gouvernemens, villes principales, Kiev, Poltava, Tchernigov et Kharkov.

La Russie méridionale, renfermant 5 gouvernemens, villes principales : Kherson, Ekaterinoslav, Simpheropol et Tcherkask.

La Russie Orientale, renfermant 8 gouvernemens, villes principales : Kazan, Perm, Simbirsk, Astrakan, Saratov, etc.

La Russie Occidentale, renfermant 8 gouvernemens, villes princip. Wilna, capitale de l'ancienne Lithuanie; Grodno, Mohilev, Gitomir, etc.

Les îles, savoir : le Spitzberg, la Nouvelle-Zemble, l'île de Waigatz, l'île de Kalgouef, l'île d'Aland, l'île de Dago et l'île d'OEsel.

La Russie possède encore le royaume de Pologne.

LEÇON XII.

DIVISION DES CONTRÉES DE L'EUROPE AU MILIEU.

64.

Comment divise-t-on la France? La France, partagée aurefois en 33 gouvernemens ou provinces, se divise aujourd'hui en 86 départemens (V. *Géographie de la France*, section VI).

65.

Comment divise-t-on la Belgique? La Belgique se divise en neuf parties, qui sont: le Brabant méridional, capitale Bruxelles, ville principale Louvain; la province d'Anvers, capitale Anvers, ville principale Malines; la province de Liège, capitale Liège; la province de Namur, capitale Namur; le Hainaut, capitale Mons; la Flandre Orientale, capitale Gand; la Flandre occidentale, capitale Bruges, villes principales Ostende, Nieuport et Courtrai; le Limbourg et le Luxembourg belges dont les limites ne sont pas encore fixées.

66.

Comment divise-t-on la Hollande ? La Hollande pomprend onze provinces, qui sont : la Hollande croprement dite, villes principales Amsterdam, Harlem, La Haye, Leyde et Rotterdam; la Zélandes province composée de plusieurs îles dont la plus grande est Walcheren , capitale Middelbourg, ville principale Flessingue ; le Brabant septentrional , villes principales, Bois-le-Duc , Bréda et Berg-op-Zoom; la province d'Utrecht, capitale Utrecht; la province de Gueldre, capitale Arnheim, ville principale Nimègue; la province de l'Over-Yssel , capitale Zwol , ville principale Deventer; la province de Drenthe, capitale Assen; la province de Groningue, capitale Groningue ; la Frise, capitale Leuwarden ; le Limbourg hollandais, chef-lieu Maëstricht, et le Luxembourg hollandais, chef-lieu Luxembourg.

L'île de Texel fait partie de la Hollande proprement dite.   **67.**

Quels sont les états que comprend l'Allemagne sous le nom de Confédération Germanique? La Confédération Germanique comprend 38 états, savoir :

1° Une partie de l'empire d'Autriche (*Voir ci-après le n° 191*).

2° Une partie du royaume de Prusse (*Voir le n° 188*).

3° Quatre royaumes : ceux de Saxe, capitale Dresde, ville principale Leipzig ; de Hanovre, capitale Hanovre, villes principales Embden, Gottingue, Lunebourg ; de Bavière, capitale Munich, villes principales Augsbourg, Ratisbonne, Nuremberg, Wurtzbourg ; de Wurtemberg, capitale Stuttgard, ville principale Ulm.

4º Sept grands duchés : ceux de Bade, capitale Carlsruhe, villes principales Baden et Constance ; de Luxembourg, capitale Luxembourg, qui appartient au roi de Hollande ; de Hesse-Darmstadt, capitale Darmstadt, ville principale Mayence ; de Saxe-Weimar, capitale Weimar ; d'Oldembourg, capitale Oldembourg ; de Mecklembourg-Schwerin, capitale Schwerin ; et de Mecklembourg-Strelitz, capitale Strelitz.

5º La Hesse électorale, capitale Cassel.

6º Huit duchés, dont les principaux sont : le duché de Holstein, villes principales Kiel et Altona ; de Lauenbourg, capitale Lauenbourg : ils appartiennent au roi de Danemark ; de Brunswick, capitale Brunswick ; de Saxe-Cobourg-Gotha, capitale Gotha ; de Nassau, capitale Visbaden.

7º Onze principautés, dont les capitales sont peu importantes.

8º Le landgraviat de Hesse-Hombourg, capitale Hombourg.

9º Quatre villes libres : Lubeck, Hambourg, Brême et Francfort-sur-le-Mein.

68.

Comment divise-t-on le royaume de Prusse ? Le royaume de Prusse se divise en huit provinces.

Six font partie de la confédération germanique, savoir : le Brandebourg, capitale Berlin, ville principale Postdam ; la Silésie, capitale Breslau ; la Poméranie, villes principales Stettin et Stralsund ; la province de Saxe, villes principales Magdebourg et Erfurth ; la Westphalie, capitale Munster ; la province Rhénane, villes principales Cologne, Dusseldorf, Coblentz, Aix-la-Chapelle et Trèves.

Les deux provinces qui ne font pas partie de la confédération germanique sont : la Prusse proprement dite, capitale Kœnigsberg, ville principale Dantzick ; et le grand-duché de Posen, capitale Posen.

L'île de Rugen appartient à la Poméranie.

69.

Comment divise-t-on le royaume de Pologne? Le royaume de Pologne est divisé en huit palatinats dont les villes principales sont : Varsovie, Sandomir et Lublin.

Kracovie forme avec son territoire une petite république sous la protection de la Russie, de l'Autriche et de la Prusse.

70.

Comment divise-t-on la Hongrie? La Hongrie, qui appartient à l'Autriche, est divisée en 52 comitats ou comtés.

71.

Comment divise-t-on l'empire d'Autriche? L'empire d'Autriche se divise en quatre parties, savoir : les pays Allemands, compris dans la Confédération germanique ; les pays Polonais, les pays Hongrois et les pays Italiens.

I. Les *pays Allemands* comprennent six parties, savoir : l'archiduché d'Autriche, capitale Vienne, ville principale Lintz ; la Moravie, capitale Brunn, villes principales Olmutz et Troppau ; le royaume de Bohême, capitale Prague ; le Tyrol, villes principales Innspruck et Trente ; l'Illyrie, capitale Laybach, villes principales Klagenfurt et Trieste ; et la Styrie, capitale Grætz.

II. Les *pays Polonais* ou le royaume de Galicie, capitale Lemberg.

III. Les *pays Hongrois* comprennent : 1º le royaume de Hongrie, capitale Bude ou Ofen, ville principales Pesth, Presbourg et Temesvar; 2º la Slavonie, capitale Eszek; 3º la Croatie, capitale Agram ; 4º la Transylvanie, capitale Hermantadt, villes principales Klausenburg et Kronstadt; 5º la Dalmatie, capitale Zara, villes principales Spalatro, Raguse et Cattaro. Les îles Illyriennes, dont les principales sont Cherso et Veglia, appartiennent à la Dalmatie.

IV. Les *pays Italiens* ou le royaume Lombard-Vénitien, comprenant la Lombardie, capitale Milan, villes principales Crémone et Mantoue ; les états de l'ancienne république de Venise, capitale Venise, villes principales Vérone, Vicence, Padoue, Trévise et Udine.

72.

Comment divise-t-on la Suisse ? La Suisse ou confédération helvétique se divise en vingt-deux cantons, dont neuf au nord, savoir : Appenzel,

Saint-Gall, Thurgovie chef-lieu Frauenfeld, Schaffouse, Zurich, Zug, Argovie chef-lieu Arau, Bâle et Soleure.

Cinq à l'ouest, savoir : Berne, Fribourg, Neufchâtel, Vaud chef-lieu Lausanne, et Genève.

Deux au sud, savoir : le Valais chef-lieu Sion, Tessin chef-lieu Bellinzone.

Deux à l'est, savoir : les Grisons chef-lieu Coire, Glaris.

Quatre au centre, autour du lac de Lucerne, savoir : Schwitz, Lucerne, Underwald chef-lieu Stantz, Ury chez-lieu Altorf.

LEÇON XIII.

DIVISION DES CONTRÉES DE L'EUROPE AU MIDI.

73.

Comment divise-t-on le Portugal ? Le Portugal est divisé en six parties, qui sont : la province entre Duero et Minho, capitale Braga, ville principale Porto ; la province de Tras-os-Montes, villes principales Bragance et Chaves ; la province de Beira, capitale Coimbre ; la province de l'Estramadure, capitale Lisbonne ; la province de l'Alemtejo, capitale Evora ; le royaume des Algarves, villes principales Lagos et Tavira.

74.

Comment divise-t on l'Espagne ? L'Espagne est divisée en quatorze provinces ou royaumes ; savoir : cinq au nord, quatre au milieu, deux au midi, et trois à l'est.

Les cinq au nord sont: la Galice, capitale Santiago de Compostelle, villes principales la Corogne et le Ferrol; les Asturies, capitale Oviedo; les provinces basques, capitale Bilbao, villes principales Vittoria, Saint-Sébastien et Fontarabie à l'embouchure de la Bidassoa; la Navarre, capitale Pampelune; et l'Aragon, capitale Saragosse.

Les quatre au milieu sont : la Vieille-Castille, capitale Burgos, ville principale Ségovie; le royaume de Léon, capitale Léon, ville principale Salamanque; la Nouvelle-Castille, capitale Madrid; l'Estramadure, capitale Badajoz.

Les deux au midi sont : l'Andalousie, capitale Séville, villes principales Cordoue, Grenade, Malaga, Cadix et Gibraltar (cette dernière ville appartient à l'Angleterre); et le royaume de Murcie, capitale Murcie, ville principale Carthagène.

Les trois à l'est sont : le royaume de Valence, capitale Valence ville principale Alicante; la principauté de Catalogne, capitale Barcelone, ville principale Roses; et les îles Baléares, savoir : Formentera ; Iviça, capitale Iviça ; Majorque, capitale Palma ; Minorque, capitale Citadella, ville principale Port-Mahon.

75.

Comment divise-t-on l'Italie ? L'Italie est divisée en dix états, dont cinq grands et cinq petits. Les cinq grands sont :

1º Le royaume de Sardaigne, comprenant la Savoie, capitale Chambéry, ville principale Annecy; le Piémont, capitale Turin, villes principales Aoste, Vercelli, Alexandrie, Asti, Saluces, et Nice ; l'état de Gênes, capitale Gênes, villes principales Savone et Chiavari ; et l'île de Sardaigne, capitale Cagliari ;

2° Le royaume Lombard-Vénitien qui appartient à l'Autriche, capitale Milan, ville principale Venise ;

3° Le grand-duché de Toscane, capitale Florence, villes principales Livourne, Piombino et Sienne ; de cet état dépend l'île d'Elbe, capitale Porto-Ferrajo ;

4° L'état de l'Eglise, capitale Rome, villes principales Ferrare, Bologne, Ravenne, Rimini, Urbin, Ancône, Lorette, Macerata, Pérouse, Spolète, Viterbe, Ponte-Corvo et Bénévent (ces deux dernières villes sont enclavées dans le royaume de Naples);

5° Le royaume de Naples ou des Deux-Siciles qui comprend deux parties: les domaines en deçà du Phare ou la partie continentale, capitale Naples, villes principales Aquila, Salerne, Foggia, Bari, Tarente et Cosenza; les domaines au-delà du Phare, savoir la Sicile, capitale Palerme, ville principale Messine, et les îles Lipari.

Les cinq petits sont :

1o Le duché de Parme, capitale Parme, ville principale Plaisance;

2o Le duché de Modène, capitale Modène villes principales Reggio et Mirandole:

3° Le duché de Lucques, capitale Lucques;

4° La république de Saint-Marin , sous la protection du pape;

5° La principauté de Monaco, sous la protection du roi de Sardaigne.

76.

Comment divise-t-on la Turquie? La Turquie peut se diviser en sept parties , savoir : la Romélie , villes principales Constantinople , Andrinople et Gallipoli ; la Bulgarie , capitale Sophie ; la Macédoine , capitale Salonique ; la Thessalie , villes principales Larisse et Tricala ; l'Albanie , villes principales Janina et Scutari ; la Bosnie, villes principales Bosna-Seraï, Banialouka et Mostar ; les îles, savoir : l'île de Candie, capitale Candie, l'île de Lemnos et plusieurs autres îles dans l'Archipel.

Au nord sont trois provinces ou principautés qui ne sont plus sujettes, mais seulement tributaires de la Turquie , savoir : la Servie, capitale Semendria , ville principale Belgrade ; la Valaquie, capitale Bukarest, ville principale Tergovist; la Moldavie, capitale Jassi.

77.

Comment divise-t-on la Grèce? On divise la Grèce en cinq parties, savoir: 1° la Livadie, villes principales Lépante, Livadie et Athènes; 2° l'île de Nègrepont ou Eubée, capitale Nègrepont; 3° le Péloponèse, villes principales Corinthe, Argos, Naupli ou Napoli de Romanie, Tripolitza, Mistra, Navarin et Patras ; 4° les Cyclades, dont les principales sont : Andro, Tino,

Myconi, Naxie, Paro, Milo et Santorin ; 5° les Sporades occidentales dont les principales sont: Skyro, Hydra et Egine.

SECTION II.
ASIE.
—
LEÇON I.
BORNES DE L'ASIE.

78.

Quelles sont les bornes de l'Asie? L'Asie est bornée, au nord, par l'océan Glacial Arctique ; à l'occident par les monts Ourals, l'Oural, la mer Caspienne, le Caucase, la mer Noire, la mer de Marmara, l'Archipel, la Méditerranée, l'isthme de Suez, et la mer Rouge qui la sépare presque entièrement de l'Afrique ; au midi par l'Océan indien et la mer de la Chine; à l'est, par le grand Océan ou mer Pacifique.

LEÇON II.
CONTRÉES DE L'ASIE.

7.

En combien de contrées divise-t-on l'Asie? On divise l'Asie en onze contrées dont une au nord, qui est la Sibérie ou Russie d'Asie, villes principales Tobolsk, Tomsk, Irkoutsk, etc.

Deux à l'est, le Japon, villes principales, Yédo, Miaco et Nangasaki ; l'empire Chinois, capitale Pékin, villes principales Nankin et Canton ;

Deux au midi, l'Indo-Chine ou Inde au-delà du Gange, villes principales Amarapoura, Kécho,

Bankok et Malacca, etc.; l'Hindoustan ou
proprement dite, villes principales Calc
Bénarès, Délhy, Cachemire, Surate, Bom
Goa et Calicut sur la côte de Malabar, M
et Pondichéry sur la côte de Coromandel;

Quatre au milieu : le Béloutchistan, ca
Kélat; l'Afghanistan ou royaume de Kaboul,
principales Kaboul et Kandahar ; le Turke
ou Tartarie-Indépendante, villes princi
Boukhara et Samarkand; la Perse ou Iran
pitale Téhran, villes principales Ispahan, T
ris, Shiraz et Hérat;

Deux à l'ouest, l'Arabie, capitale la Mecc
villes principales Médine, Moka, Mascate, et
la Turquie d'Asie, villes principales Smyr
Damas, Jérusalem, Bagdad, etc.

LEÇON III.

MERS DE L'ASIE.

80.

Par combien de mers l'Asie est-elle baignée? L'A
est baignée par treize mers, dont quatre gran
et neuf petites.

81.

*Quelles sont les grandes mers de l'Asie et quel
contrées baignent-elles ?* Les grandes mers
l'Asie sont : l'océan Glacial Arctique au nor
qui baigne la Russie d'Asie; l'océan Indi
au midi, qui baigne l'Arabie, l'Hindoustan
l'Indo-Chine ; le grand Océan ou mer Pacifiq
à l'orient, qui baigne la Chine, le Japon et

Sibérie; la Méditerranée à l'occident, qui baigne la Turquie d'Asie.

82.

Quelles sont les petites mers de l'Asie, et quelles contrées baignent-elles? Les petites mers de l'Asie sont : la mer ou lac d'Aral, qui baigne le Turkestan ; la mer Caspienne, qui baigne le Turkestan et la Perse ;

La mer Noire, la mer de Marmara et l'Archipel, formées par la Méditerranée; elles baignent la Turquie d'Asie ;

La mer de la Chine, qui baigne l'Indo-Chine et la Chine ; la mer Jaune, qui baigne la Chine; la mer du Japon, entre l'empire chinois et le Japon, la mer d'Okhotsk, qui baigne la Sibérie et la mer de Béring entre l'Asie et l'Amérique. Ces cinq dernières mers sont formées par le grand Océan.

LEÇON IV.

GOLFES ET DÉTROITS D'ASIE.

83.

Combien y a-t-il de golfes principaux en Asie? Il y a onze golfes principaux en Asie, qui sont : le golfe de l'Ob, au nord de la Sibérie, formé par l'océan Glacial ; le golfe d'Anadyr, formé par la mer de Béring, le golfe de Penjenskoï, formé par la mer d'Okhotsk au nord de la Sibérie; le golfe de Petcheli ou de Liao-Toung, formé par la mer Jaune en Chine; le golfe de Tonkin, entre la Chine et l'Indo-Chine, et le golfe de Siam au sud de l'Indo-Chine, tous deux formés par la mer de la Chine ; le golfe de Bengale entre l'Indo-Chine et l'Hindoustan, le golfe d'Oman ou mer d'Arabie, entre l'Hindoustan et l'Arabie, tous deux formés par l'Océan indien ; le golfe Persique, formé par le golfe d'Oman, entre la Perse et l'Arabie ; et le golfe Arabique ou mer Rouge, formé par la mer d'Oman, entre l'Arabie et l'Afrique.

84.

Combien y a-t-il de détroits principaux en Asie? Il y a dix détroits principaux en Asie, ce sont : le détroit de Béring, entre l'Asie et l'Amérique ; la Manche de Tartarie ou de Tarrakaï et le détroit de la Pérouse, qui joignent la mer d'Okhotsk à la mer du Japon; le détroit de Korée, entre la Chine et le Japon ; le canal de Formose ou détroit de Fou-kian, à l'est de la Chine ; le détroit de Malacca, au sud de l'Indo-Chine ; le détroit de Palk, au sud-est de l'Hindoustan; le détroit d'Ormouz, à l'entrée du golfe Persique; le détroit de Bab-el-Manded, à l'entrée de la mer Rouge; et les détroits des Dardanelles et de Constantinople, entre la Turquie d'Europe et la Turquie d'Asie.

LEÇON V.

ÎLES D'ASIE.

85.

Combien y a-t-il de principaux groupes d'îles dépendant de l'Asie? Il y a neuf principaux groupes d'îles en Asie, ce sont : l'Archipel de la nouvelle Sibérie dans l'océan Glacial; les Kouriles entre la mer d'Okhotsk et le grand Océan ; les îles du Japon entre la mer du Japon et le grand Océan ; les îles Lieou-Khieou, dans le grand Océan ; les îles Andaman et Nicobar, dans le golfe de Bengale ; les Maldives et les Lakedives, dans l'océan Indien, et les Sporades orientales dans l'Archipel.

86.

Combien y a-t-il d'îles remarquables en Asie? Il y a en Asie dix îles principales, ce sont : l'île Tarrakaï séparée du continent par la Manche de Tarrakaï; l'île Formose, l'île Macao, et l'île Haïnan, dans la mer de la Chine; l'île de Ceylan dans la mer des Indes ; l'île de Bombay sur la côte occidentale de l'Hindoustan ; l'île de Bahrain dans le golfe Persique; les îles de Chypre et de Rhodes, dans la Méditerranée, et l'île de Marmara dans la mer du même nom.

LEÇON VI.

PRESQU'ÎLES ET CAPS D'ASIE.

87.

Combien y a-t-il de presqu'îles principales en Asie? Il y a en Asie huit presqu'îles principales, savoir : quatre grandes et quatre petites; les quatre grandes sont : la presqu'île orientale des Indes ou l'Indo-Chine, la presqu'île occidentale des Indes ou la partie méridionale de l'Hindoustan, l'Arabie, et l'Anatolie en Turquie; les quatre petites sont: le Kamtchatka, à l'est de la Sibérie; la Korée, à l'est de la Chine; la presqu'île de Malacca, au sud de l'Indo-Chine; et le Guzarate, à l'ouest de l'Hindoustan.

88.

Combien y a-t-il de caps principaux en Asie? Il y a en Asie neuf caps principaux, ce sont : le cap Oriental, sur le détroit de Béring; le cap Romania, au sud de la presqu'île de Malacca; le cap Negrais, à l'ouest de l'Indo-Chine; le cap Comorin, au midi de l'Hindoustan; le cap Jask, en Perse; le cap Mocadon et le cap Raselgat, à l'ouest de l'Arabie; le cap Kara-Bourou et le cap Baba, à l'ouest de la Turquie.

LEÇON VII.

LACS ET MONTAGNES D'ASIE.

89.

Combien y a-t-il de lacs principaux en Asie? Il y a en Asie huit lacs principaux, ce sont : le lac Asphaltite ou mer Morte, au sud de Jérusalem; le lac de Van, en Turquie; le lac d'Ourmiah, en Perse; le lac Zerreh, dans l'Afghanistan; le lac Balkachi, entre la Sibérie et la Chine; le lac Dzaïzang, au nord-ouest de l'empire Chinois; le lac Khoukhou-Noor, au centre de la Chine; et le lac Baïkal, au midi de la Sibérie.

90.

Combien y a-t-il de chaînes principales de montagnes en Asie ? Il a en Asie dix principales chaînes de montagnes, ce sont : le mont Caucase, entre la mer Caspienne et la mer Noire ; les monts Ourals, entre la Russie d'Europe et la Sibérie ; la chaîne Altaïque et les monts Stanovoï, entre la Sibérie et l'empire chinois ; les monts Himalaya, entre l'Hindoustan et l'empire chinois ; les monts Mogs qui s'étendent dans l'Indo-Chine jusqu'au cap Romania ; les monts Gates qui s'étendent dans l'Hindoustan jusqu'au cap Comorin ; le mont Taurus et le Liban, dans la Turquie d'Asie, et les monts El-Ared, au centre de l'Arabie.

91.

Quels sont les monts les plus remarquables de l'Asie ? Les monts les plus remarquables de l'Asie sont : les monts Dawalagiri et Jawahir, les pics les plus élevés du globe, dans la chaîne de l'Himalaya ; le mont Ararat, en Perse ; le mont Thabor et le mont Carmel, dans la chaîne du Liban ; les monts Sinaï et Horel, au nord-ouest de l'Arabie, et le Pic d'Adam, dans l'île de Ceylan.

LEÇON VIII.

FLEUVES DE L'ASIE.

92.

Combien y a-t-il de fleuves principaux en Asie ? Il y a en Asie dix-neuf fleuves principaux, dont trois ont leur embourchure au nord de l'Asie, trois à l'orient et treize au midi.

93.

Quels sont les fleuves qui ont leur embouchure au

nord de l'Asie ? Ce sont : l'Ob, le Ienissei, et la Lena, qui coulent du sud au nord et se jettent dans l'océan Glacial Arctique.

94.

Quels sont les fleuves qui ont leur embouchure à l'orient de l'Asie? Ce sont : l'Amour ou Sakhalian, qui se jette dans la mer d'Okhotsk ; le Houang-Ho ou le grand fleuve Jaune, et le Kiang-Ho ou le fleuve Bleu, qui se jettent dans la mer Jaune.

95.

Quels sont les fleuves qui ont leur embouchure au midi de l'Asie ? Ce sont : le Mei-Kaoung qui se jette dans la mer de la Chine ; le Mei-Nam qui se jette dans le golfe de Siam ; le Tshan-Louew ou Salouen, l'Irouady, le Bramapoutra, le Gange, le Godavéry, le Kistnak et le Kavery, qui se jettent dans le golfe de Bengale ; le Sind ou Indus, qui se jette dans le golfe d'Oman, le Tigre et l'Euphrate, qui se jettent dans le golfe Persique par la même embouchure ; le Kour qui reçoit l'Aras, et se jette dans la mer Caspienne ; et le Djihoun ou Oxus qui se jette dans la mer d'Aral.

LEÇON IX.

DIVISION DE QUELQUES CONTRÉES DE L'ASIE (1).

96.

Comment divise-t-on la Russie d'Asie? On divise

(1) Pour la division complète et plus détaillée des contrées

---

de l'Asie, de l'Afrique et de l'Amérique, voyez les *Leçons de géographie de l'abbé Gaultier.*

la Russie d'Asie en deux parties principales, savoir : la Sibérie, villes principales Tobolsk, Tomsk, Irkoutsk; et les pays entre le Caucase et l'Aras, villes principales Koutaïs, Tiflis en Géorgie, Bakou et Erivan.

L'archipel de la Nouvelle-Sibérie et les Kouriles septentrionales dépendent de la Sibérie.

97.

Comment divise-t-on l'empire du Japon? Le Japon se compose de plusieurs îles qui sont : l'île Kiusiu, capitale Nangasaki ; l'île Sikok ; l'île Niphon, capitale Yédo, ville principale Miaco ; l'île Yéso ; le midi de l'île Tarrakaï et les Kouriles méridionales.

98.

Comment divise-t-on l'empire Chinois? On divise l'empire Chinois en six parties principales, savoir :

1° A l'est, la Chine proprement dite, villes principales : Pékin, Nankin et Canton ;

2° Au nord-est, le pays des Mandchoux ;

3° Au nord-ouest, la Dzoungarie, et la petite Boukharie ;

4° Les pays tributaires, vassaux ou protégés, savoir : au nord, la Mongolie; au nord-ouest, le pays des Kirghiz ; à l'est, le royaume de Korée ; au sud-ouest, le Tibet, capitale Lassa; et le Boutan, capitale Tassisudon ;

5° Les îles, savoir: l'île Haï-nan, capitale Khioung-Tcheou ; l'île Formose ; capitale Thaï-

Ouan ; les îles Lieou-Khieou , la partie septentrionale de l'île Tarrakaï et l'île Macao dont une partie appartient aux Portugais.

99.

Comment divise-t-on l'Indo-Chine ? L'Indo-Chine est divisée en cinq parties , savoir : 1º l'Indo-Chine anglaise, villes principales Rangpour , Arakan et Malacca ;

2º L'empire des Birmans, villes principales Amarapoura , Ava et Pegou ;

3º Le royaume de Siam , capitale Bangkok ;

4º Les états indépendans de la presqu'île de Malacca ;

5º L'empire d'An-nam dont les principaux états sont : la Cochinchine , capitale Houé ; le royaume de Tonkin , capitale Ketcho ; et le royaume de Camboge , capitale Saigong.

100.

Comment divise-t-on l'Hindoustan ? On divise l'Hindoustan en cinq parties , savoir : 1º *les possessions de la campagnie anglaise des Indes* , formées de la plus grande partie de l'ancien empire des Mogols , capitale Calcutta ; elles sont divisées en trois présidences :

La présidence de Calcutta ou du Bengale , capitale Calcutta, villes pincipales Dakka, Patna , Bénarès , Agra , Delhy ;

La présidence de Madras , capitale Madras , villes principales Séringapatam, Calicut et Cochin ;

La présidence de Bombay , capitale Bombay ,

dans l'île du même nom, villes principales Pou-
na, Surate, Ahmédabad ;

2° *Les états alliés ou tributaires des Anglais*
savoir :

Au nord, le Nepal, capitale Katmandou; le
royaume d'Oude, capitale Lucknow ;

Au nord-ouest, les possessions des Radjepou-
tes ;

A l'ouest et au centre, les états Mahrattes
dont les principaux sont : le Guzarate, capitale
Barode ; le royaume de Nagpour, capitale Nagpour ; le royaume du Nidzam ou du Dekkan,
capitale Haïderabad, ville principale Golconde ;

Au sud, le royaume de Maïssour, capitale
Maïssour ; et le royaume de Travancore, capitale
Trivanderam ;

3° *Les autres possessions européennes*, savoir :
Les possessions françaises, divisées en cinq
districts, dont les villes principales sont: Chan-
dernagor, au nord de Calcutta, Yanaon sur le
Godavéry, Pondichéry et Karikal, sur la côte de
Coromandel, et Mahé sur la côte de Malabar;

Les possessions portugaises, chef-lieu Goa ;

Les possessions danoises, villes principales
Sirampour, près de Calcutta, et Tranquebar
au midi de Pondichéry ;

4° *Les états indépendans*, savoir : au nord-
ouest, les anciens états des Seïks ou royaume de
Lahore, capitale Lahore, villes principales Kachemir et Moultan ; la principauté de Sindhy,
et le royaume de Sindhia ;

5° Les *îles*, savoir: l'île de Ceylan, villes principales Columbo et Trinquemale, qui dépend directement du roi d'Angleterre; les Lakedives qui sont tributaires des Anglais, les Maldives qui sont indépendantes.

101.

Comment divise-t-on la Turquie d'Asie ? La Turquie d'Asie comprend sept parties : 1° l'Asie Mineure ou Anatolie, villes principales Trébizonde, Sivas, Tokat, Amasie, Angora, Scutari, Brousse, Koutaïeh, Smyrne et Konieh; 2° l'Arménie turque, ville principale Erzeroum : 3° le Kurdistan turc, villes principales Betlis et Van: 4° l'Aldjézireh ou Mésopotamie, villes principales Diarbékir, Mossoul et Orfa; 5° l'Irak-Arabi, villes principales Bagdad et Bassora ; 6° la Syrie, villes principales Alep, Antioche; Damas, Baïrout, Acre, Tripoli et Jérusalem;

7° Les îles savoir : l'île de Marmara ; les Sporades orientales dont les principales sont : Métélin, Scio, Samos et Cos; l'île de Rhodes. capitale Rhodes; et l'île de Chypre, capitale Nicosie.

SECTION III.
AFRIQUE.

—

LEÇON I.
BORNES DE L'AFRIQUE.

102.

Quelles sont les bornes de l'Afrique ? L'Afrique est bornée au nord par la Méditerranée ; au levant, par l'isthme de Suez, qui la joint à l'Asie, par la mer Rouge et l'océan Indien ; au midi, par le grand Océan, et au couchant, par l'océan Atlantique.

LEÇON II.
CONTRÉES D'AFRIQUE.

103.

En combien de contrées divise-t-o nl'Afrique ? On divise l'Afrique en dix-sept contrées dont deux sur la côte de la Méditerranée, ce sont: l'Egypte, villes principales le Caire et Alexandrie ; et la Barbarie, villes principales Tripoli, Tunis, Alger et Maroc.

Cinq sur la côte de l'océan Atlantique, savoir : le Sahara ou grand Désert; la Sénégambie, villes principales St.-Louis, Bathurst et Saint-James; la Guinée, villes principales Coumassie, Abomey et Benin ; le Congo, villes principales San-Salvador, Saint-Paul de Loanda et Saint-Philippe de Benguela ; le pays des Hottentots.

Une sur la côte du grand Océan, c'est le gouvernement du Cap, capitale la ville du Cap.

Cinq sur la côte de l'océan Indien, ce sont la Cafrerie propre ; le Monomotapa, villes principales Sofala et Zimbaoé ; la côte de Mozambique, capitale Mozambique ; la côte de Zanguebar, villes principales, Quiloa, Mombaza, Mélinde, Brava et Magadoxo ; la côte d'Ajan.

Deux sur la côte de la mer Rouge, savoir : l'Abyssinie, capitale Gondar, et la Nubie, capitale Sennaar.

Deux au milieu, qui sont : la Nigritie ou Soudan, très peu connue, villes principales Cobbé, Bournou, Ségo et Tombouctou ; une vaste contrée inconnue entre la Guinée et le Zanguebar.

LEÇON III.
GOLFES ET DÉTROITS D'AFRIQUE.

104.

Combien y a-t-il de golfes principaux en Afrique? Il y a six golfes principaux en Afrique, qui sont : le golfe de Sidra et celui de Cabès, en Barbarie ; le golfe de Guinée, sur la côte de la Guinée ; la baie de Lagoa dans la Cafrerie ; la baie de Sofola dans le Monomotapa, et le golfe de Suez entre l'Egypte et l'Arabie, au nord de la mer Rouge.

105.

Combien y a-t-il de détroits en Afrique ? Il y a trois détroits en Afrique, qui sont : le détroit de Gibraltar, entre la Barbarie et l'Espagne ; le canal de Mozambique, entre le Mozambique et l'île de Madagascar; et le détroit de Bab-el-Mandeb, à l'entrée de la mer Rouge.

LEÇON IV.

ILES D'AFRIQUE.

106.

Combien y a-t-il d'îles ou groupes d'îles remarquables en Afrique? Il y a en Afrique vingt îles ou groupes d'îles remarquables, savoir :

Douze dans l'Océan Atlantique, qui sont : les Açores, l'île de Madère, les îles Canaries, les îles du Cap Vert, l'île Saint-Louis, l'île de Gorée, Fernando-Po, l'île du Prince, l'île St.-Thomas, Anno-Bon, l'île Sainte-Hélène et l'île de l'Ascension.

Huit dans l'Océan Indien, qui sont : l'île Rodriguez, l'île de France ou de Maurice, l'île Bourbon, l'île de Madagascar, villes principales Tananarive et Mouzangaye ; les Comores, l'île de Zanzibar; les Seychelles partagées en deux groupes, savoir: les Amirantes et les Mahé, et l'île Socotora.

LEÇON V.

CAPS D'AFRIQUE.

107.

Combien y a-t-il de caps principaux en Afrique? Il y a seize caps principaux en Afrique, qui sont: les caps Bon et Ceuta en Barbarie, le cap Bojador et le cap Blanc dans le Sahara; le cap Vert et le cap Sainte-Marie, dans la Sénégambie; le cap des Palmes, le cap des trois Pointes, le cap Formose, le cap Lopez, dans la Guinée; le cap Negro dans le Congo; le cap de Bonne-Espérance et le cap des Aiguilles, dans le gouvernement du Cap; le cap Natal ou d'Ambre, au nord de l'île de Madagascar; le cap Delgado, au nord du Mozambique; et le cap Guardafui, au nord de la côte d'Ajan.

LEÇON VI.
LACS ET MONTAGNES D'AFRIQUE.

108.

Combien y a-t-il de lacs principaux en Afrique? Il y a cinq lacs principaux en Afrique, qui sont: le lac Menzaléh, formé par deux anciennes branches du Nil, près de Damiette, et le lac Kairoun, autrefois Mœris, en Égypte; le lac Dembéa, dans l'Abyssinie; le lac Maravi, à l'ouest du Mozambique; et le lac Tchad, dans le Soudan.

109.

Combien y a-t-il de principales montagnes en Afrique? Il y a en Afrique huit chaînes de montagnes ou monts remarquables, qui sont: les monts Atlas, au sud de la Barbarie, qui s'étendent depuis l'Egypte jusqu'à l'océan Atlantique; les monts d'Abyssinie, le long de la mer Rouge, dans l'Egypte et la Nubie; les monts de la Lune, au centre de l'Afrique; les monts Lupata ou l'Épine du Monde, le long de la côte orientale de l'Afrique; les montagnes de Madagascar, dans l'île de ce nom; les monts de Kong, qui séparent la Nigritie de la Guinée; les monts de la Sierra-Leone, dans la Sénégambie; ils sont une continuation des monts de Kong; et le pic de Ténériffe, dans l'île de ce nom.

LEÇON VII.

FLEUVES ET RIVIÈRES D'AFRIQUE.

110.

Combien y a-t-il de fleuves principaux en Afrique? Il y a en Afrique huit fleuves remarquables, ce sont: le Nil qui se forme en Nubie de la réunion du Nil blanc à l'est et du Nil bleu à l'ouest, et qui après avoir parcouru la Nubie et l'Égypte , se jette dans la Méditerranée , entre Damiette et Alexandrie; le Niger, qui prend sa source dans les montagnes de Kong, traverse toute la Nigritie, et vient se jeter dans le golfe de Guinée, sous le nom de Quorra; le Sénégal, la Gambie, la Sierra-Léone, le Zaïre et la rivière d'Orange, qui se jettent dans l'océan Atlantique ; et le Zembèze ou Cuama, qui passe par le Monomotapa, et se jette dans l'océan Indien.

LEÇON VIII.

DIVISION DES PRINCIPALES CONTRÉES D'AFRIQUE.

111.

Comment divise-t-on l'Egypte? L'Égypte se divise en trois parties, qui sont : la Basse-Égypte ou Delta, villes principales Alexandrie , Rosette et Damiette; l'Egypte du milieu, capitale le Caire; la Haute-Égypte, villes principales Syout et Syène ou Assouan. La Nubie est sous la dépendance de l'Égypte.   112.

Comment divise-t-on la Barbarie? On divise la Barbarie en quatre parties, qui sont 1° l'empire de Maroc, capitale Maroc, villes principales Tafilet, Magador, Fez, Tanger et Méquinez; 2° l'Algérie, capitale Alger, villes principales Oran, Bougie, Bone et Constantine ; 3° la république de Tunis, capitale Tunis; 4° l'état de Tripoli, capitale Tripoli.

113.

Comment divise-t- on la Guinée? La Guinée comprend un grand nombre d'états dont les principaux sont: les royaumes d'Achanti, capitale Coumassie; d'Abomey, de Benin, de Loango, etc. Les côtes sont appelées: Sierra-Leone, côte des graines ou de poivre, côte des dents ou d'ivoire, côte d'or et côte des esclaves.

LEÇON IX.

POSSESSIONS EUROPÉENNES EN AFRIQUE.
114.

Quelles sont les possessions françaises en Afrique? Les possessions françaises en Afrique, sont 1° l'Algérie, divisée en trois gouvernemens: celui d'Alger, celui d'Oran et celui de Bone; 2° les établissemens dans la Sénégambie, dont les lieux les plus remarquables sont : Saint-Louis dans l'île de ce nom, formée par le Sénégal; Gorée, sur l'îlot de ce nom; 3° la colonie de l'île Sainte-Marie, près de Madagascar; 4° l'île Bourbon.

115.

Quelles sont les possessions anglaises en Afrique? Les possessions anglaises en Afrique sont: 1° Les colonies de la Sénégambie, chef-lieu Bathurst, petite ville sur l'île Ste.-Marie, à l'embouchure de la Gambie; 2° les établissemens sur le littoral de la Guinée dont les principaux sont : Freetown, sur la Sierra-Leone et Cap-Corse sur la côte d'Or; 3° les îles Fernando-Po, Ascension et Sainte-Hélène, dans l'océan Atlantique ; 4° la colonie du Cap de Bonne-Espérance , chef-lieu la ville du Cap; 5° l'île Maurice ou de France , l'île Rodriguez , les Seychelles et les Amirantes, dans l'océan Indien; et le port de Louque dans l'île Madagascar.

116.

Quelles sont les possessions portugaises en Afrique ? Les possessions portugaises en Afrique sont: 1° les Açores, dont les principales sont: les îles Terceire et Saint-Michel; 2° l'île de Madère , capitale Funchal; 3° les îles du cap Vert, dont la plus grande est Sant-Iago ; 4° l'île du Prince et l'île Saint-Thomas; 5° une grande partie du Congo , formant le gouvernement d'Angola; 6° les côtes de Sofala et de Mozambique.

117.

Quelles sont les possessions espagnoles en Afrique ? Les Espagnols possèdent en Afrique : 1° l'Archipel des Canaries, dont les îles principales sont: Ténériffe, Canarie et l'île de Fer; 2° quelques forteresses dans l'empire de Maroc, nommées *presidios*, et dont la principale est Ceuta.

118.

Quelles sont les autres possessions européennes en Afrique? Sur la côte de Guinée les Hollandais possèdent le fort d'Elmina, et les Danois celui de Christiansburg.

SECTION IV.

AMÉRIQUE.

LEÇON I.
DIVISION GÉNÉRALE DE L'AMÉRIQUE.
119.

Comment divise-t-on l'Amérique? L'Amérique que l'on nomme aussi le Nouveau-Monde, se divise en deux grands continens, savoir: l'Amérique septentrionale et l'Amérique méridionale jointes ensemble par l'isthme de Panama.

LEÇON II.
CONTRÉES DE L'AMÉRIQUE.
120.

En combien de contrées divise-t-on l'Amérique septentrionale? On divise l'Amérique septentrionale en six contrées, qui sont: l'Amérique russe, le Groënland, l'Amérique anglaise ou la Nouvelle Bretagne, capitale Québec ; les États-Unis, capitale Washington; le Mexique, capitale Mexico, villes principales la Puebla, Vera-Cruz et San-Luis Potosi; le Guatemala, capitale Guatemala.

121.

En combien de contrées divise-t-on l'Amérique méridionale? On divise l'Amérique méridionale en dix contrées, savoir : la Colombie, qui forme les trois républiques, de la Nouvelle-Grenade, capitale Santa-Fé de Bogota ; de Venezuela, capitale Caracas, et de l'Equateur, capitale Quito; le Pérou, capitale Lima, villes principales Cuzco et Aréquipa; le Haut-Pérou ou Bolivia, capitale Chuquisaca ou la Plata; le Chili, capitale Santiago, ville principale Valparaiso; la Patagonie, qui est peu habitée: la république Argentine ou les provinces-unies du Rio de la Plata, capitale Buenos-Ayres; la république orientale de l'Uruguay, capitale Monte-Video; le Paraguay, capitale l'Assomption; le Brésil, capitale Rio-Janeiro, villes principales Bahia et Fernanbouc; et les Guyanes, villes principales Cayenne, Paramaribo et George-Town.

LEÇON III.
MERS D'AMÉRIQUE.
122.

Par combien de mers l'Amérique est-elle baignée? L'Amérique est baignée par sept mers, qui sont: l'océan Glacial Arctique, la mer de Baffin et la mer d'Hudson, au nord; l'océan Atlantique et la mer des Antilles, à l'est; le Grand-Océan ou océan Pacifique, et la mer de Béring, à l'ouest.

LEÇON IV.
GOLFES ET DÉTROITS D'AMÉRIQUE.
123.

Combien y a-t-il de grands golfes en Amérique? Il y a en Amérique trois grands golfes; ce sont: le golfe de Saint-Laurent, formé par l'océan

Atlantique; le golfe du Mexique, formé par la mer des Antilles; et le golfe de Californie ou mer Vermeille, formé par le Grand-Océan.

124.

Combien y a-t-il de petits golfes en Amérique? Il y a en Amérique 13 petits golfes, savoir : 11 dans l'océan Atlantique et 2 dans le Grand-Océan.

Les onze petits golfes dans l'océan Atlantique sont : les baies de Fundy, au sud du golfe Saint-Laurent; de Delaware et de Chesapeak, à l'orient des Etats-Unis; la baie de Campêche, dans le Mexique; le golfe d'Honduras, dans le Guatemala; les golfes de Darien, de Maracaïbo et de Paria, au nord de la Colombie; la baie de Tous-les-Saints, à l'est du Brésil; les golfes de Saint-Mathias et de Saint-George, à l'est de la Patagonie.

Les deux petits golfes dans le Grand-Océan sont : les baies ou golfes de Guayaquil et de Panama, à l'ouest de la Colombie.

125.

Combien y a-t-il de détroits principaux en Amérique? Il y a en Amérique neuf détroits, qui sont : les détroits de Lancaster, au nord-ouest de la mer de Baffin; de Davis, qui fait communiquer la mer de Baffin avec l'océan Atlantique; de Cumberland et d'Hudson, qui font communiquer la mer d'Hudson avec l'océan Atlantique; le détroit de Belle-Ile, à l'est de la Nouvelle-Bretagne; le canal de Bahama, au sud des Etats-

Unis; les détroits de Magellan et de Lemaire, au sud de la Patagonie, et le détroit de Béring, entre l'Asie et l'Amérique.

LEÇON V.

ILES PRINCIPALES D'AMÉRIQUE.

126.

Comment divise-t-on les îles de l'Amérique? On divise les îles de l'Amérique en sept parties, qui sont : les îles au nord de la mer d'Hudson, les îles dans le golfe de Saint-Laurent, les îles dans l'océan Atlantique, les îles entre l'océan Atlantique et la mer des Antilles, les îles au sud de l'Amérique, les îles dans le Grand-Océan et les îles de la mer de Béring.

127.

Quelles sont les îles au nord de la mer d'Hudson? Les principales îles au nord de la mer d'Hudson, sont : les îles Melville, Devon, Southampton et Mansfield.

128.

Quelles sont les îles situées dans le golfe ou près du golfe Saint-Laurent? Les îles du golfe Saint-Laurent sont : Terre-Neuve, villes principales Plaisance et Saint-Jean; l'île Royale ou du cap Breton, capitale Louisbourg; l'île de Saint-Jean ou du prince Edouard, l'île d'Anticosti et les îles Saint-Pierre et Miquelon.

129.

Quelles sont les îles de l'Amérique dans l'océan Atlantique? Dans l'océan Atlantique, sont : les

Bermudes, au milieu de l'Océan; et Long-Island ou l'île Longue, sur la côte des Etats-Unis dont elle fait partie.

130.

Quelles sont les îles situées entre l'Océan et la mer des Antilles? Entre l'Océan et la mer des Antilles, sont : les îles Lucayes ou de Bahama, les grandes Antilles et les petites Antilles.

131.

Quelles sont les îles principales parmi les Lucayes? Parmi les Lucayes on remarque : Bahama, Lucaye, la Nouvelle-Providence et Guanahani ou San-Salvador.

132.

Quelles sont les grandes Antilles? Les grandes Antilles sont : l'île de Cuba, capitale la Havane; la Jamaïque, villes principales Kingston et Spanish-Town; Saint-Domingue ou la république d'Haïti, villes principales, le Cap-Français, le Port-au-Prince et Saint-Domingue; et Porto-Rico, capitale Saint-Jean-de-Porto-Rico.

133.

Comment divise-t-on les petites Antilles? On divise les petites Antilles en trois groupes, qui sont : les îles Vierges, les îles du Vent et les îles sous le Vent.

Les îles Vierges sont à l'est de l'île de Porto-Rico; les principales sont : Anégada, Tortola, Saint-Jean, Saint-Thomas et Sainte-Croix.

Les principales îles du Vent sont : Anguille, Saint-Martin, Saint-Barthélemy, la Barboude,

Saint-Christophe, Saint-Eustache, Antigoa, Mont-Serrat, la Desirade, la Guadeloupe, Marie-Galande, la Dominique, la Martinique, Sainte-Lucie, Saint-Vincent, la Barbade, la Grenade, Tabago et la Trinité.

Les principales îles Sous-le-Vent sont : Curaçao, Bonaire et la Marguerite. Cette dernière île fait partie de la Colombie.

134.

Quelles sont les îles au sud de l'Amérique? Au sud de l'Amérique sont : 1° les îles Falkland ou Malouines ; 2° la Nouvelle-Georgie ; 3° l'archipel de Magellan dont les parties principales sont la Terre-de-Feu et l'île des Etats ; 4° l'archipel de la Mère-de-Dieu.

135.

Quelles sont les îles dans le Grand-Océan ? Dans le Grand-Océan sont : l'île de Chiloé, qui dépend du Chili ; les îles Gallapagos et de Révilla-Gigédo ; l'archipel de Quadra et de Vancouver, et l'île de la reine Charlotte, qui dépendent de la Nouvelle-Bretagne ; l'archipel du prince de Galles, l'île de Sitka et l'île de Kodiak, qui font partie de l'Amérique russe.

136.

Quelles sont les îles de la mer de Béring? Les îles de la mer de Béring sont : les îles de Clarke, de Saint-Mathieu, de Saint-Paul, de Saint-George et les Aléoutiennes, qui toutes appartiennent à l'Amérique russe.

LEÇON VI.

PRESQU'ILES ET CAPS D'AMÉRIQUE.

13.

Combien y a-t-il de principales presqu'îles en Amérique? Il y a en Amérique sept presqu'îles principales, qui sont : le Groënland, le Labrador et la Nouvelle-Ecosse ou Acadie, dans la Nouvelle-Bretagne; la Floride, au sud-est des États-Unis; la Californie et le Yucatan, dans le Mexique, et l'Alaska, dans l'Amérique russe.

138.

Combien y a-t-il de principaux caps en Amérique? L'Amérique a vingt caps principaux, savoir :

Quinze dans l'océan Atlantique, qui sont : le cap Farewell, au sud, du Groënland; le cap Chidley, au nord de la Nouvelle-Bretagne; le cap Breton, à l'orient de l'île Royale; le cap Sable, au sud de la Nouvelle-Ecosse; le cap Cod et le cap Hatteras, à l'orient des Etats-Unis; le cap Floride au midi de la Floride; le cap Catoche, au nord du Yucatan; le cap Saint-Antoine, à l'ouest de l'île de Cuba; le cap Gracias-à-Dios, à l'est de la république de Guatemala; le cap Nord, à l'embouchure du fleuve des Amazones; le cap Saint-Roch, à l'orient du Brésil; le cap Sainte-Marie et le cap Saint-Antoine, à l'embouchure du Rio de la Plata, et le cap Horn, au sud de la Terre-de-Feu.

Trois dans le Grand-Océan, qui sont : le cap

4.

Blanc, au nord-ouest du Pérou ; le cap Corrientes, sur la côte du Mexique ; le cap Saint-Lucas, au sud de la Californie.

Un dans le détroit de Béring, c'est le cap Occidental opposé au cap Oriental en Asie.

Un dans l'océan Glacial Arctique, c'est le cap Barrow.

LEÇON VII.

LACS, MONTAGNES ET VOLCANS DE L'AMÉRIQUE.

139.

Combien y a-t-il de lacs principaux en Amérique? Il y a en Amérique onze lacs principaux, qui sont : le lac de l'Esclave, dans la Nouvelle-Bretagne, les lacs Supérieurs, Michigan, Huron, Erié et Ontario, au nord des Etats-Unis ; le lac Nicaragua, dans le Guatemala ; le lac Maracaïbo, dans la Colombie ; le lac Titicaca, dans le Pérou ; le lac Temporaire ou marais de Xerayes, entre le Haut-Pérou et le Brésil, et le lacde Los Patos, au sud du Brésil.

140.

Combien y a-t-il de grandes chaînes de montagnes dans l'Amérique? Il y a en Amérique quatre grandes chaînes de montagnes, qui sont : les monts Apalaches ou Alleghanys, qui traversent les Etats-Unis du sud-ouest au nord-est ; les monts Rocheux et les monts de los Mimbres, qui traversent l'Amérique septentrionale du nord au sud, et la Cordillière des Andes qui traverse l'Amérique méridionale, du nord au sud, le long de la côte du Grand-Océan. C'est dans cette chaîne que se trouve le Chimborazo, dans la Colombie, la plus haute montagne de l'Amérique.   141.

Quels sont les principaux volcans en Amérique? L'Amérique contient un grand nombre de volcans, parmi lesquels on remarque : le mont Saint-Elie, dans l'Amérique russe ; le mont Popocatepetl, dans le Mexique ; le Cotopaxi et le Pichincha, dans la Colombie ; et le volcan d'Aréquipa, dans le Pérou.

LEÇON VIII.
FLEUVES PRINCIPAUX DE L'AMÉRIQUE.
142.

Combien y a-t-il de principaux fleuves en Amérique? Il y a en Amérique douze fleuves remarquables, savoir :

Six dans l'Amérique septentrionale ; ce sont : le fleuve Mackensie, qui se jette dans l'océan Glacial ; le fleuve de Saint-Laurent, la Delaware, le Potomac qui se jettent dans l'océan Atlantique ; le Mississipi ou Meschachébé, et le Rio Bravo ou Rio-del-Norte, qui se jettent dans le golfe du Mexique ;

Six dans l'Amérique méridionale ; ce sont : la Madeleine, qui se jette dans la mer des Antilles ; l'Orénoque, le fleuve des Amazones, le Tocantin ou Rio Para, le San-Francisco, et le Rio-de-la-Plata, qui se jettent dans l'océan Atlantique.

LEÇON IX.

DIVISION DE LA NOUVELLE-BRETAGNE ET DES ÉTATS-UNIS.

143.

Quels pays comprend la Nouvelle-Bretagne? Les parties principales que comprend la Nouvelle-Bretagne sont : à l'est, le Labrador, le Canada, villes principales Montréal et Québec; le Nouveau-Brunswick, capitale Frédérik'stown, et la Nouvelle-Ecosse ou Acadie, capitale Halifax; au centre, la Nouvelle-Galles; à l'ouest, la Nouvelle-Calédonie.

144.

Comment divise-t-on les Etats-Unis? On divise les Etats-Unis en vingt-quatre états, cinq territoires et un district. Les principales de ces provinces sont: 1° les dix états suivans: Massachussets, capitale Boston; New-York, ville principale New-York; la Pensylvanie, ville principale Philadelphie; Maryland, ville principale Baltimore; la Virginie, capitale Richmond; la Caroline du Nord, capitale Raleigh; la Caroline du Sud, ville principale Charleston; la Georgie, ville principale Savannah; et la Louisiane, capitale la Nouvelle-Orléans.

2° Le territoire de la Floride, villes principales Saint-Augustin et Pensacola.

3° Le district de Columbia, au nord de la Virginie, capitale Washington, siège du gouvernement central.

LEÇON X.

POSSESSIONS EUROPÉENNES EN AMÉRIQUE.

145.

Quelles sont les possessions anglaises en Amérique? Les possessions anglaises en Amérique, sont : 1° la Nouvelle-Bretagne (*voir* le n. 143); 2° les terres Arctiques, encore imparfaitement connues; 3° Terre-Neuve, les îles du cap Breton, du prince Edouard et d'Anticosti; 4° les Bermudes et les îles Lucayes ou de Bahama; 5° la Jamaïque; 6° la plupart des petites Antilles, savoir: Tortola, Anégada, Anguille, la Barboude, Saint-Christophe, Antigoa, Mont-Serrat, la Dominique, Sainte-Lucie, Saint-Vincent, la Barbade, la Grenade, Tabago et la Trinité; 7° une partie de la Guyane, chef-lieu George-Town; 8° la colonie de Honduras, dans le Yucatan, chef-lieu Balize.

146.

Quelles sont les possessions danoises en Amérique? Les possessions danoises en Amérique sont: 1° le Groënland; 2° les îles Sainte-Croix et Saint-Thomas dans les petites Antilles.

147.

Quelle est la seule possession suédoise en Amérique? Les Suédois ne possèdent en Amérique que la petite île de Saint-Barthélemy dans les petites Antilles.

148.

Quelles sont les possessions russes en Amérique?

Les Russes possèdent en Amérique : 1° sur le continent, la région nord-ouest avoisinant la Sibérie ; 2° les îles le long des côtes, savoir : l'archipel du prince de Galles, l'île Sitka ou du roi Georges III, l'île Kodiak, les Aléoutiennes, etc. Le chef-lieu des établissemens russes est la Nouvelle-Arkhangel dans l'île de Sitka.

149.

Quelles sont les possessions françaises en Amérique? Les possessions françaises en Amérique sont : 1° sur le continent, une partie de la Guyane, chef-lieu Cayenne ; 2° parmi les Antilles, la Martinique, la Guadeloupe, Marie-Galande, une partie de l'île Saint-Martin ; 3° au sud de Terre-Neuve, l'île Saint-Pierre et les îles Miquelon.

150.

Quelles sont les possessions hollandaises en Amérique? Les possessions hollandaises en Amérique sont : 1° une partie de la Guyane, chef-lieu Paramaribo ; 2° les îles Curaçao, Bonaire et Saint-Eustache, une partie de l'île Saint-Martin.

151.

Quelles sont les possessions espagnoles en Amérique? Les Espagnols possèdent en Amérique les îles de Cuba et de Porto-Rico.

SECTION V.

OCÉANIE.

LEÇON I.

ÉTENDUE ET DIVISION DE L'OCÉANIE.

152.

Que comprend-on sous le nom d'Océanie ? On comprend sous le nom d'Océanie toutes les terres et les îles dispersées dans la partie du Grand-Océan qui s'étend entre l'ancien et le nouveau continent, et surtout au sud-est de l'Asie.

153.

Comment divise-t-on l'Océanie ? On divise l'Océanie en trois parties distinctes, savoir : la Malaisie, l'Australie et la Polynésie. (1)

LEÇON II.

MALAISIE.

154.

Quelles îles comprend la Malaisie ? La Malaisie comprend les îles de la Sonde, la grande île de Bornéo, capitale Bornéo, l'île de Célèbes, les Moluques et les Philippines.

155.

Quelles sont les principales îles de la Sonde ?

(1) La *Malaisie*, berceau de la race Malaise ; l'*Australie*, terre australe, méridionale ; la *Polynésie*, composée d'un grand nombre d'îles disséminées (*polus*, nombreux).

Les principales îles de la Sonde sont : Súmatra traversée par une chaîne de montagnes dont la plus haute est le mont Ophir, villes principales Achem, Palenbang et Bencoulen; Java, villes principales Batavia, Bantam et Chéribon; et les îles plus petites de Banca, Billiton, Sumbava, Flores et Timor.

156.

Quelles sont les îles principales des Moluques? Les îles principales, parmi les Moluques, sont : Gilolo, Céram, Bourou, Amboine, Bànda et Ternate.

157.

Quelles sont les îles principales des Philippines? Les îles principales du groupe des Philippines sont, parmi les grandes : Luçon, capitale Manille ; Mindanao, et parmi les petites, Leyte, Samar et Palawan.

LEÇON III.

AUSTRALIE.

158.

Que comprend l'Australie? L'Australie comprend la Nouvelle-Hollande ou le continent Austral, presque aussi grand que l'Europe; la Nouvelle-Guinée ou terre des Papouas; la terre de Van-Diémen; la Nouvelle-Zélande ou Tasmanie, qui forme deux grandes îles; plusieurs Archipels ou groupes d'îles dont les principaux sont : l'archipel de la Nouvelle-Bretagne, les îles Salomon, l'archipel de la Pérouse, les Nouvelles-Hébrides et la Nouvelle-Calédonie.

159.

Quelles sont les parties connues de la Nouvelle-Hollande? On ne connaît bien de la Nouvelle-Hollande que la côte orientale, parcourue par une chaîne de montagnes qu'on nomme les Monts-Bleus. Parmi les golfes et les baies que présentent les côtes, on remarque au nord, le grand golfe de Carpentarie; à l'ouest, la baie des Chiens-Marins; au sud, le golfe de Spencer; à l'est, la baie Botanique ou Botany-Bay.

LEÇON IV.
POLYNÉSIE.
160.

Comment peut-on diviser la Polynésie? On peut diviser la Polynésie en Polynésie septentrionale et en Polynésie méridionale.

161.

Quels sont les principaux groupes de la Polynésie septentrionale? Les principaux groupes ou archipels de la Polynésie septentrionale sont : l'archipel de Magellan, au sud-est du Japon; les îles Marie-Anne, dont la principale est Guaham; les Pelew, les Carolines, les Mulgraves, les îles Sandwich, dont la principale est Hawaii ou Owhyhée.

162.

Quels sont les principaux groupes de la Polynésie méridionale? Les principaux groupes ou archipels de la Polynésie méridionale sont : les îles Hamoa ou des Navigateurs, les îles Fidji ou Viti, les îles Tonga ou des Amis, les îles Taïti, ou de la Société, dont la principale est Taïti, l'archipel Dangereux ou des îles Basses, l'archipel de la mer Mauvaise, l'archipel de Mendana ou des Marquises, dont l'île principale est Noukahiva ; l'île de Pâques, la plus orientale de la Polynésie.

LEÇON V.
PRINCIPAUX DÉTROITS DE L'OCÉANIE.
163.

Quels sont les principaux détroits de l'Océanie ? Les principaux détroits de l'Océanie sont : le détroit de Malacca, entre la presqu'île de Malacca et l'île de Sumatra ; le détroit de la Sonde, entre l'île de Sumatra et l'île de Java ; le détroit de Macassar, entre l'île Bornéo et l'île des Célèbes ; le détroit de Torres, entre la Nouvelle-Guinée et la Nouvelle-Hollande ; le détroit de Bass, entre la Nouvelle-Hollande et la terre de Diémen, et le détroit de Cook, qui sépare la Nouvelle-Zélande en deux îles.

LEÇON VI.
POSSESSIONS EUROPÉENNES DE L'OCÉANIE.
164.

Quelles sont les possessions européennes dans l'Océanie ? Les Anglais possèdent la côte orientale de la Nouvelle-Hollande qu'ils ont nommée

Nouvelle-Galles méridionale et la terre de Diémen. Le chef-lieu de leurs établissemens dans la Nouvelle-Galles est Sidney, et dans la terre de Diémen, c'est Hobart-town.

Les Hollandais possèdent l'île de Java, capitale Batavia, une partie de l'île de Sumatra, villes principales Bencoulen et Palenbang; une partie des îles de Célèbes et de Bornéo, les îles Sumbava et Timor et les Moluques. Ils ont un établissement dans la terre des Papouas. Batavia est le chef-lieu de toutes leurs possessions.

Les Portugais ont aussi un établissement à Timor.

Les Philippines et les Marie-Anne appartiennent aux Espagnols. Manille dans l'île de Luçon est la capitale de toutes leurs possessions.

SECTION VI.

GÉOGRAPHIE DE LA FRANCE.

—

LEÇON I.

BORNES DE LA FRANCE.—ANCIENNE DIVISION.

165.

Quelles sont les bornes et la superficie de la France? Les bornes de la France sont : au N. la Manche, le Pas-de-Calais, la Belgique, la Prusse et la Bavière Rhénanes. — A l'E. le Rhin, le Jura, le Rhône, la Savoie, les Alpes, le Var. — Au S. la Méditerranée et les Pyrénées. — A l'O. l'Océan Atlantique.—La superficie de la France est de 27,000 lieues carrées.

166.

Comment divisait-on autrefois la France? On divisait la France avant 1789 en 33 gouvernemens ou provinces, dont 6 au nord, 6 à l'est, 6 au midi, 6 à l'ouest, 8 au milieu, et 1 dans la Méditerranée, l'île de Corse, capitale Bastia.

167.

Quelles étaient les 6 provinces au nord? Les 6 provinces au nord étaient : la Normandie, capitale Rouen ; la Picardie, capitale Amiens ; l'Artois, capitale Arras ; la Flandre française, capitale Lille ; l'Ile-de-France, capitale Paris; et la Champagne, capitale Troyes.

168.

Quelles étaient les 6 provinces à l'est? Les 6 provinces à l'est étaient : la Lorraine, capitale Nancy ; l'Alsace, capitale Strasbourg ; la Franche-Comté, capitale Besançon ; la Bourgogne, capitale Dijon ; le Lyonnais, capitale Lyon ; et le Dauphiné, capitale Grenoble.

169.

Quelles étaient les 6 provinces au midi? Les 6 provinces au midi étaient : la Provence, capitale Aix ; le Languedoc, capitale Toulouse ; le Roussillon, capitale Perpignan ; le comté de Foix, capitale Foix ; le Béarn, capitale Pau ; et la Guyenne avec la Gascogne, capitale Bordeaux.

170.

Quelles étaient les 6 provinces à l'ouest ? Les 6 provinces à l'ouest étaient : la Saintonge avec l'Angoumois, capitales Saintes et Angoulême ; le Poitou, capitale Poitiers ; l'Aunis, capitale La Rochelle ; la Bretagne, capitale Rennes ; l'Anjou, capitale Angers ; et le Maine avec le Perche, capitale le Mans.

171.

Quelles étaient les 8 provinces du milieu? Les 8 provinces du milieu étaient : l'Orléanais, capitale Orléans ; le Nivernais, capitale Nevers ; le Bourbonnais, capitale Moulins ; l'Auvergne, capitale Clermont ; le Limousin, capitale Limoges ; la Marche, capitale Guéret ; le Berry, capitale Bourges ; la Touraine, capitale Tours.

LEÇON II.

NOUVELLE DIVISION DE LA FRANCE.

172.

Comment divise-t-on maintenant la France? On divise maintenant la France en 86 départemens, dont 84 ont leurs chefs-lieux dans les anciennes provinces ; un est formé de l'île de Corse, et l'autre du comtat d'Avignon, réuni à la France en 1791.

173.

D'où les départemens tirent-ils leurs noms? Les départemens tirent leurs noms, soit des fleuves ou des rivières qui les traversent, soit de la mer qui les baigne, soit des montagnes qu'ils renferment. (1

174.

Quels sont les petits fleuves et les rivières qui donnent leurs noms à des départemens ? Outre les fleuves et les rivières remarquables déjà nommés (58 et 59) les petits fleuves et les rivières qui donnent leurs noms à des départemens sont: l'Orne, qui se jette dans la Manche; la Vilaine et la Sèvre-Niortaise, qui se jettent dans l'Océan; l'Aude, l'Hérault et le Var, qui se jettent dans la Méditerranée; la Meurthe, qui se jette dans

---

(1) Pour les fleuves et les rivières de France, consultez les N°ˢ 58, 59, 222, de 235 à 262, 266. Pour les montagnes, consultez les N 54 et 56.

la Moselle ; l'Aisne, qui se jette dans l'Oise ; l'Ille, qui se jette dans la Vilaine ; la Nièvre, le Loiret et la Sèvre-Nantaise, qui se jettent dans la Loire ; la Creuse, qui se jette dans la Vienne ; la Sarthe qui se jette dans la Mayenne; le Loir, qui se jette dans la Sarthe ; la Vendée, qui se jette dans la Sèvre-Niortaise ; l'Ariège et le Gers, qui se jettent dans la Garonne ; l'Aveyron, qui se jette dans le Tarn; la Corrèze, qui se jette dans la Vezère (celle-ci se jette dans la Dordogne); l'Ain, la Drôme, l'Ardèche et le Gard, qui se jettent dans le Rhône ; le Doubs, qui se jette dans la Saône.

LEÇON III.

DÉPARTEMENS AU NORD.

175.

Combien y a-t-il de départemens dont les chefs-lieux sont dans l'ancienne NORMANDIE? Il y a cinq départemens dont les chefs-lieux sont dans l'ancienne Normandie (1), savoir : les départemens de la Seine-Inférieure, chef-lieu ROUEN, villes principales Dieppe et Le Havre; de l'Eure, chef-lieu Evreux; du Calvados, chef-lieu CAEN; de la Manche, chef-lieu SAINT-LÔ, ville principale Cherbourg; de l'Orne, chef-lieu ALENÇON.

---

(1) Les limites des départemens ne correspondent pas à celles des anciennes provinces. Nous rapportons chaque département à la province où se trouve son chef-lieu.

176.

Quel est le département formé de l'ancienne PICARDIE? L'ancienne Picardie forme le département de la Somme, chef-lieu AMIENS.

177.

Quel est le département formé de l'ancien ARTOIS? L'ancien Artois forme le département du Pas-de-Calais, chef-lieu ARRAS; villes principales Boulogne, Calais et Saint-Omer.

178.

Quel est le département formé de l'ancienne FLANDRE FRANÇAISE? L'ancienne Flandre française forme le département du Nord, chef-lieu LILLE; villes princip. Douai et Dunkerque.

179

Combien de départemens forme l'ancienne ILE-DE-FRANCE? L'ancienne Ile-de-France forme les cinq départemens : de la Seine, chef-lieu PARIS; de Seine-et-Oise, chef-lieu VERSAILLES; de Seine-et-Marne, chef-lieu MELUN; de l'Aisne, chef-lieu LAON; de l'Oise, chef-lieu BEAUVAIS.

180.

Combien de départemens forme l'ancienne CHAMPAGNE? L'ancienne Champagne forme les quatre départemens : de l'Aube, chef-lieu TROYES; de la Haute-Marne, chef-lieu CHAUMONT; de la Marne, chef-lieu CHALONS, ville principale Reims; des Ardennes, chef-lieu MÉZIÈRES, ville principale Sedan.

LEÇON IV.

DÉPARTEMENS AU LEVANT.

181.

Combien de départemens forme l'ancienne LORRAINE ? L'ancienne Lorraine forme les quatre départemens : de la Meurthe , chef-lieu NANCY ; des Vosges , chef-lieu EPINAL ; de la Meuse , chef-lieu BAR-LE-DUC ; de la Moselle, chef-lieu METZ.

182.

Combien de départemens forme l'ancienne AL-SACE? L'ancienne Alsace forme les deux départemens : du Bas-Rhin, chef-lieu STRASBOURG ; du Haut-Rhin, chef-lieu COLMAR, ville principale Mulhouse.

183.

Combien de départemens forme l'ancienne FRAN-CHE-COMTÉ? L'ancienne Franche-Comté forme les trois départemens : du Doubs, chef-lieu BE-SANÇON ; de la Haute-Saône , chef-lieu VESOUL ; du Jura , chef-lieu LONS-LE-SAULNIER , ville principale Dôle.

184.

Combien de départemens forme l'ancienne BOUR-GOGNE? L'ancienne Bourgogne forme les quatre départemens : de la Côte-d'Or, chef-lieu DIJON, ville principale Beaune ; de l'Yonne , chef-lieu AUXERRE ; de Saône-et-Loire , chef-lieu MACON ; de l'Ain, chef-lieu BOURG.

5.

185.

Combien de départemens forme l'ancien LYON-NAIS? L'ancien Lyonnais forme les deux départemens : du Rhône, chef-lieu LYON ; de la Loire, chef-lieu MONTBRISON, ville principale Saint-Etienne.   186.

Combien de départemens forme l'ancien DAU-PHINÉ ? L'ancien Dauphiné forme les trois départemens : de l'Isère, chef-lieu GRENOBLE ; de la Drôme, chef-lieu VALENCE ; des Hautes-Alpes, chef-lieu GAP.

LEÇON V.
DÉPARTEMENS DU MIDI.
187.

Combien de départemens forme l'ancienne PRO-VENCE? L'ancienne Provence forme les trois départemens : des Basses – Alpes, chef – lieu DIGNE ; du Var, chef-lieu DRAGUIGNAN, ville principale Toulon ; des Bouches-du-Rhône, chef-lieu MARSEILLE, ville principale Aix.

188.

Combien de départemens forme l'ancien LAN-GUEDOC? L'ancien Languedoc. forme les huit départemens : de la Haute-Garonne, chef-lieu TOULOUSE ; du Tarn, chef-lieu ALBY, ville principale Castres ; de l'Aude, chef-lieu CAR-CASSONNE, ville principale Narbonne ; de l'Hé-rault, chef-lieu MONTPELLIER, ville principale Béziers ; du Gard, chef-lieu NIMES ; de la Lo-zère, chef-lieu MENDE ; de la Haute-Loire, chef-lieu LE PUY ; de l'Ardèche, chef-lieu PRIVAS.

189.

Quel est le département formé de l'ancien ROUS-SILLON? L'ancien Roussillon forme le département des Pyrénées-Orientales, chef-lieu PERPIGNAN.

190.

Quel est le département formé de l'ancien COMTÉ DE FOIX? L'ancien comté de Foix forme le département de l'Ariège, chef-lieu FOIX.

191.

Quel est le département formé de l'ancien BÉARN? L'ancien Béarn forme le département des Basses-Pyrénées, chef-lieu PAU, ville principale Bayonne.

192.

Combien de départemens forme l'ancienne GUYENNE? L'ancienne Guyenne forme les neuf départemens : de la Gironde, chef-lieu BORDEAUX; de la Dordogne, chef-lieu PÉRIGUEUX; du Lot-et-Garonne, chef-lieu AGEN; du Lot, chef-lieu CAHORS; de l'Aveyron, chef-lieu RHODEZ; de Tarn-et-Garonne, chef-lieu MONTAUBAN; des Landes, chef-lieu MONT-DE-MARSAN; du Gers, chef-lieu AUCH; des Hautes-Pyrénées, chef-lieu TARBES.

LEÇON VI.

DÉPARTEMENS A L'OUEST.

193.

Quel est le département formé du pays D'AUNIS *et de la* SAINTONGE? L'ancien pays d'Aunis et la Saintonge , forment le département de la Charente-Inférieure, chef-lieu LA ROCHELLE, villes principales Rochefort et Saintes.

194.

*Quel est le département formé de l'*ANGOUMOIS? L'ancien Angoumois forme le département de la Charente , chef-lieu ANGOULÈME.

195.

Combien de départemens forme l'ancien POITOU? L'ancien Poitou forme les trois départemens: de la Vienne, chef-lieu POITIERS; des Deux-Sèvres, chef-lieu NIORT; de la Vendée, chef-lieu BOURBON-VENDÉE.

196.

Combien de départemens forme l'ancienne BRETAGNE? L'ancienne Bretagne forme les cinq départemens : d'Ille-et-Vilaine, chef-lieu RENNES; de la Loire-Inférieure, chef-lieu NANTES; du Morbihan, chef-lieu VANNES, ville principale Lorient; du Finistère, chef-lieu QUIMPER, ville principale Brest; des Côtes-du-Nord, chef-lieu SAINT-BRIEUC.

197.

Quel est le département formé de l'ancien ANJOU? L'ancien Anjou forme le département de Maine-et-Loire, chef-lieu ANGERS.

198.

Combien de départemens forme l'ancien MAINE? L'ancien Maine forme les deux départemens : de la Sarthe, chef-lieu LE MANS; de la Mayenne, chef-lieu LAVAL.

LEÇON VII.

DÉPARTEMENS DU CENTRE.

199.

Combien de départemens forme l'ancien ORLÉANAIS? L'ancien Orléanais forme les trois départemens : du Loiret, chef-lieu ORLÉANS; de Loire-et-Cher, chef-lieu BLOIS; d'Eure-et-Loir, chef-lieu CHARTRES.

200.

Quel est le département formé de l'ancien NIVERNAIS ? L'ancien Nivernais forme le département de la Nièvre, chef-lieu NEVERS.

201.

Quel est le département formé de l'ancien BOURBONNAIS? L'ancien Bourbonnais forme le département de l'Allier, chef-lieu MOULINS.

202.

Combien de départemens forme l'ancienne AUVERGNE ? L'ancienne Auvergne forme les deux départemens : du Puy - de - Dôme, chef-lieu CLERMONT, ville principale Riom; du Cantal, chef-lieu AURILLAC.

203.

Combien de départemens forme l'ancien LIMOUSIN? L'ancien Limousin forme les deux départemens : de la Haute-Vienne, chef-lieu LIMOGES; de la Corrèze, chef-lieu TULLE.

204.

Quel est le département formé de l'ancienne

MARCHE ? L'ancienne Marche forme le département de la Creuse, chef-lieu GUÉRET.

205.

Combien de départemens forme l'ancien BERRY ? L'ancien Berry forme les deux départemens : du Cher, chef-lieu BOURGES ; de l'Indre, chef-lieu CHATEAUROUX.

206.

Quel est le département formé de l'ancienne TOURAINE ? L'ancienne Touraine forme le département d'Indre-et-Loire, chef-lieu TOURS.

LEÇON VIII.

COMTAT D'AVIGNON, CORSE ET PETITES ILES.

207.

*Quel est le département formé de l'ancien comtat d'*AVIGNON ? L'ancien comtat d'Avignon forme le département de Vaucluse, chef-lieu AVIGNON.

208.

*Quel est le département que forme l'*ILE DE CORSE ? La Corse forme un département qui porte le nom de l'Ile, chef-lieu AJACCIO, ville principale Bastia.

209.

A quels départemens appartiennent les petites îles qui sont sur les côtes de France ? Les îles d'Ouessant appartiennent au département du Finistère ; l'île de Groix et Belle-Ile, au départ. du Morbihan ; les îles Noirmoutier et Dieu, au départ. de la Vendée ; les îles de Rhé et d'Olé-

ron; au départ. de la Charente-Inférieure; les
îles d'Hyères, au départ. du Var. (1)

LEÇON IX.

CLIMAT, PRODUCTIONS, CANAUX, COMMERCE, PORTS DE MER.

210.

Quel aspect présente le sol de la France et quel est le climat de cette contrée? La France est en général un pays de plaines; elle n'a que des collines au nord et à l'ouest, l'intérieur même est peu élevé; mais l'est et le midi sont bornés et traversés par plusieurs chaînes de montagnes. La France jouit d'un beau ciel, d'un air salubre et d'un climat tempéré, mais sensiblement plus chaud au midi qu'au nord. On peut partager la France en trois grandes parties qui répondent à trois climats différens. La première, qui comprend les provinces du nord, ne produit pas de vin, le cidre y supplée. Dans la deuxième, qui forme le centre, on cultive particulièrement les céréales et la vigne. La troisième, qui correspond aux provinces du midi, donne du vin, du maïs et des olives.

211.

Quelles sont les principales productions de la France dans le règne végétal ? Le sol de la France, en général fertile et bien cultivé, four-

(1) Pour les possessions lointaines de la France, voir les Nos 100, 114, 149.

nit en abondance du blé et autres céréales, des plantes à fourrages, d'excellens légumes, du lin, du chanvre, du tabac; des vins qui forment une des principales richesses du pays; de beaux bois pour le chauffage, la charpente, la construction des vaisseaux, la menuiserie et la fabrication des meubles, et une grande variété d'arbres fruitiers.

Les principales forêts de la France sont celles des Ardennes, d'Orléans, de Fontainebleau, de Compiègne et du Morvan, à l'est du Nivernais.

212.

Quelles sont les principales productions de la France dans le règne animal? Les vastes pâturages de la Normandie et du Limousin nourrissent les chevaux et les bestiaux les plus estimés; les moutons du Berry donnent la plus belle laine; ceux des Ardennes et de *Présalé*, en Normandie, sont les plus renommés pour l'excellence de leur chair. Les mérinos, qui nous sont venus d'Espagne, prospèrent dans divers cantons, et, depuis quelques années, on acclimate avec succès les chèvres du Tibet. Les départemens méridionaux entretiennent des vers-à-soie; et les abeilles sont répandues dans toute la France. La pêche maritime occupe particulièrement les habitans des côtes de la Normandie et de la Bretagne. Six grands fleuves, près de cinq mille rivières et les étangs, fournissent une grande variété de poissons d'eau douce.

213.

Quelles sont les principales productions de la France dans le règne minéral? La France possède des mines de houille, de fer, de cuivre, de plomb, d'argent; des carrières d'excellentes pierres de taille, de marbre, de granit et d'ardoises. On y trouve beaucoup d'eaux minérales.

214.

Quelles sont les eaux minérales de la France les plus renommées? Les principales eaux minérales de la France sont : celles d'Enghien, près de Paris ; de Bourbonne-les-Bains, dans la Haute-Marne ; de Plombières, dans les Vosges ; de Vichy, dans le département de l'Allier ; du Mont-Dore, dans le département du Puy-du-Dôme ; de Bagnères et de Barèges, dans les Hautes-Pyrénées.

215.

Combien y a-t-il de canaux principaux en France? Il y a en France 11 canaux principaux, qui sont : le canal de *Picardie* ou de *Crozat*, qui joint la Somme à l'Oise ; le canal de *Saint-Quentin,* qui joint la somme à l'Escaut ; le canal de l'*Ourcq*, qui amène à Paris l'eau de la petite rivière de ce nom ; le canal de *Saint-Denis,* qui joint le canal de l'Ourcq à la Seine ; le canal des *Ardennes*, qui joint la Meuse à l'Aisne ; le canal du *Rhône au Rhin*, qui fait communiquer ces deux fleuves, en joignant le Rhin au Doubs ; les canaux de *Briare*, d'*Or-*

léans et de *Loing*, qui joignent la Seine à la Loire ; le canal de *Bourgogne*, qui joint l'Yonne et la Saône ; le canal de *Digoin* ou du *Centre*, qui joint la Saône à la Loire ; le canal de *Languedoc* ou du *Midi*, qui joint la Garonne à la Méditerranée et fait ainsi communiquer cette mer avec l'Océan.

216.

Quelles sont les principales exportations de la France ? Les principaux objets d'exportation de la France, parmi les produits de son sol sont : le vin, l'eau-de-vie, le vinaigre, l'huile, les grains, les fruits, le sel ; et parmi les produits de son industrie, qui depuis le commencement de ce siècle a fait d'étonnans progrès, ce sont : les étoffes de soie et de laine, la bonneterie, les tapisseries, les toiles, les dentelles, le papier blanc et de tenture, les caractères d'imprimerie, les livres, les bijoux, les glaces, les objets de mode, etc.

217.

Quels sont les ports militaires de la France ? Les ports militaires de la France sont : Brest, Rochefort et Toulon, qu'on appelle du premier ordre ; Lorient et Cherbourg, qu'on appelle du second ordre.

218.

Quels sont les ports marchands de la France ? Les ports marchands de la France sont : Dunkerque, Calais, Boulogne, Saint-Valery-sur-Somme, Dieppe, le Havre, Saint-Malo, Morlaix, le Port-Louis, le Croissic, Nantes, les Sables-d'Olonne, la Rochelle, Bordeaux, Bayonne, Cette, Marseille et Antibes.

LEÇON X.

POPULATION, GOUVERNEMENT, RELIGION, DIVISIONS DE LA FRANCE.

219.

Quels sont la population, le gouvernement et la religion de la France ? On compte en France 32 millions d'habitans. Le gouvernement est une monarchie constitutionnelle. La religion catholique est celle de la majorité des Français.

220.

Comment la France est-elle divisée ? Sous le rapport administratif, on divise la France en 86 départemens, les départemens sont divisés en sous-préfectures ou arrondissemens ; les arrondissemens en cantons, et les cantons en communes.

Sous le rapport du culte catholique, on divise la France en 80 diocèses, dont 14 sont administrés par des archevêques, et 66 par des évêques.

Pour l'administration de la justice, la France est divisée en 27 cours royales.

Sous le rapport militaire, la France est partagée en 21 divisions.

221.

Comment peut-on aussi diviser la France sous

le rapport de son état physique? Sous le rapport de son état physique, la France, en y joignant la Belgique, peut être divisée en sept bassins.

222.

Qu'entend-on par bassin? On entend par bassin d'un fleuve l'espace compris entre des montagnes ou des collines et dans lequel coulent un fleuve et les affluens de ce fleuve.

223.

Quels sont les sept bassins qui comprennent la France avec la Belgique? Les sept bassins qui comprennent la France avec la Belgique, sont :

1° *Le bassin du Rhône*, dont la pente est vers le sud ; il s'étend par la Saône et le Doubs jusqu'aux Vosges et au Jura, et comprend toute la portion de la France que baigne la Méditerranée ;

2° *Le bassin du Rhin*, adossé à celui du Rhône, et dont la pente est vers le nord. Il n'a en France qu'une très petite portion de son étendue, et qu'un affluent considérable, la Moselle ;

3° *Le bassin de la Garonne*, incliné à l'ouest et comprenant de fertiles contrées, qu'arrosent le Tarn, le Lot et la Dordogne ; le petit bassin de l'Adour en est comme l'annexe ;

4° *Le bassin de la Loire*, incliné aussi à l'ouest, et qui occupe presque toute la largeur de la France; la Loire compte de grands affluens dont plusieurs sont navigables : les plus importans sont à gauche, la Vienne, le Cher et l'Allier; à droite, la Mayenne avec ses deux branches

la Sarthe et le Loir. La vallée de la Charente
et la Bretagne peuvent être considérées comme
les dépendances du bassin de la Loire ;

5° *Le bassin de la Seine*, qui penche vers le
nord-ouest ;

6° et 7° *Les bassins de l'Escaut et de la Meuse*,
dont la direction est vers le nord. Le bassin de
la Somme et celui de l'Aa s'y rattachent natu-
rellement.

LEÇON XI.

VILLES REMARQUABLES DE FRANCE.

224.

*Donnez quelques détails sur les villes remar-
quables de France dans les départemens du nord.*

ROUEN, sur la Seine (92,000 habitans), une
des villes les plus commerçantes du royaume.
La marée permet aux bâtimens marchands de
remonter jusque dans son port. Elle fait un
grand commerce de toiles connues sous le nom
de *rouenneries*, de confitures et de gelée de
pomme. Les principaux monumens de cette
ville, sont : la cathédrale, l'Eglise de Saint-
Ouen et l'Hôtel-Dieu.

LE HAVRE (26,000 hab.), port de mer très
commerçant. On y admire trois bassins fermés
qui communiquent avec les ports.

CAEN, sur l'Orne (40,000 hab.), deuxième ville
de la Normandie. On y fabrique des dentelles.
Elle fait un grand commerce de chevaux. Un
canal conduit de cette ville à la mer.

CHERBOURG (19,000 habitans), un des plus beaux ports militaires de France ; il peut contenir 50 vaisseaux de ligne toujours à flot.

AMIENS, sur la Somme (32,000 hab.) : la cathédrale de cette ville passe pour un chef-d'œuvre d'architecture gothique.

ARRAS, sur la Scarpe (23,000 hab.), place forte.

BOULOGNE (26,000 hab.), qui possède un bel établissement de bains de mer.

LILLE (72,000 hab.), ville très forte dont la citadelle est une des plus belles de l'Europe.

DUNKERQUE (24,000 hab.), ville forte, commerçante et la plus septentrionale de la France ; elle a un très beau port et une rade sûre.

DOUAI sur la Scarpe (19,000 hab.), ville grande, belle et forte. On y voit un des plus grands arsenaux de France, et une fonderie de canons.

CAMBRAI, sur l'Escaut (30,000 hab.), ville forte, qui a des fabriques de batiste et de linons.

PARIS, sur la Seine (885,000 habitans). Cette riche et industrieuse capitale, qui a aujourd'hui sept lieues de tour, n'était, du temps de César, qu'un bourg appelé Lutèce, renfermé dans la grande île de la Seine qu'on nomme maintenant la Cité. On peut regarder Paris comme le centre de la civilisation, des sciences, des lettres et des arts. C'est après Londres la ville la plus peuplée de l'Europe, et, après Rome, celle qui renferme le plus grand nombre d'édifices magnifiques. Les plus remarquables sont : le Louvre, le Panthéon, la Bourse, la Madeleine, et l'hôtel des Invalides.

Paris est le siège du gouvernement, la résidence du roi, des deux Chambres, de la cour suprême de Cassation et de l'Institut de France divisé en cinq académies. Parmi les beaux et utiles établissemens de cette ville, trois surtout méritent de fixer l'attention : les Musées du Louvre, qui offrent une admirable collection de tableaux, de statues et d'antiquités, le Muséum d'histoire naturelle, et la Bibliothèque royale, une des plus riches du monde.

Versailles (29,000 hab.). Ce n'était, sous Louis XIII, qu'un rendez-vous de chasse, qui devint une grande et belle ville sous Louis XIV; ce prince y fit construire un magnifique château où la cour résida jusqu'à la révolution. Cette résidence royale et le parc qui en dépend, sont enrichis des chefs-d'œuvre de nos plus grands maîtres ; on y admire aussi les jets d'eau, où l'art semble avoir forcé la nature. Le château de Versailles a été transformé par Louis-Philippe en un magnifique *musée historique* destiné à perpétuer par des statues et des tableaux, le souvenir des faits et des hommes qui, dans tous les temps, ont le plus illustré la France.

Saint-Quentin (20,000 hab.), ville très industrieuse, à la jonction du canal de ce nom avec la Somme. Elle a de célèbres fabriques de batistes, de linons, de gaze et de basins.

TROYES, sur la Seine (26,000 hab.), ville manufacturière. Elle fait un grand commerce de craie, de bonneterie et de charcuterie.

REIMS (38,000 hab.), qui a une belle cathédrale où étaient sacrés les rois de France. Cette ville fait un grand commerce de vins, de biscuits et de pain d'épice. Elle a des fabriques d'étoffes de laine.

225.

Donnez quelques détails sur les villes remarquables des départemens de l'est.

NANCY, sur la Meurthe (29,000 hab.), une des plus belles villes de France ; elle renferme les tombeaux des ducs de Lorraine.

METZ (43,000 hab.), ville forte.

STRASBOURG (50,000 hab.), sur l'Ill, une des villes les plus fortes et les plus commerçantes de la France. La belle cathédrale de cette ville est surmontée d'un clocher haut de 574 pieds, dont on admire la légèreté et la hardiesse.

BESANÇON, sur le Doubs (25,000 hab.), ville forte, dont la citadelle est située sur un roc inaccessible.

DIJON, sur le canal de Bourgogne (29,000 hab.), ancienne, grande et belle ville.

LYON, au confluent de la Saône et du Rhône (147,000 hab.), la seconde ville de France par son étendue, sa population, son industrie et son commerce ; célèbre par ses étoffes de soie, d'or et d'argent, et par sa chapellerie.

SAINT-ÉTIENNE (42,000 hab.), ville considérable et très industrieuse. Elle a une école royale des mines, une manufacture royale d'armes et des fabriques de rubans de soie. Aux environs on exploite un grand nombre de houillères. Cette ville communique avec le Rhône et la Loire par trois chemins de fer ; l'un de Saint-Etienne à la Loire, l'autre de la Loire à Roanne, et le troisième de Saint-Etienne à Lyon.

GRENOBLE, sur l'Isère (26,000 habitans), place forte. On y fabrique des gants. On voit, à six lieues de cette ville, au milieu des montagnes et dans un site admirable, la grande chartreuse où se retira saint Bruno.

226.

Donnez quelques détails sur les villes remarquables des départemens du midi.

AVIGNON, sur le Rhône (28,000 hab.), belle et ancienne ville, qui a des fabriques d'étoffes de soie, des moulins à garance et une succursale des Invalides.

TOULON (30,000 habitans), ville forte, avec un des plus vastes et des meilleurs ports de l'Europe, un magnifique arsenal de marine, un bagne et une école royale de navigation.

MARSEILLE (120,000 hab.), une des villes les plus riches de France. Elle fait un commerce immense avec toutes les parties du monde. Son port peut contenir 1200 bâtimens. Son lazaret est le plus bel établissement qui existe en ce genre.

Aix (19,000 hab.), grande et belle ville. Elle exporte des huiles renommées et elle a des eaux minérales. Elle est remplie de monumens anciens et modernes fort remarquables.

Toulouse, sur la Garonne (68,000 habitans), près de l'endroit où commence le canal de Languedoc. C'est le centre du commerce que la France fait avec l'Espagne. Cette ville a la plus belle fonderie de canons de toute la France.

Montpellier (34,000 habitans), près de la mer ; célèbre par la salubrité de l'air qu'on y respire, par son école de médecine et son jardin botanique, le plus ancien qu'il y ait en France. Elle fait un grand commerce d'eaux-de-vie.

Nîmes (41,000 hab.), qui fut une des principales villes des Gaules et qui conserve beaucoup de monumens romains, dont les plus remarquables sont la Maison-Carrée et les Arènes. Cette ville fait un grand commerce de graines et de plantes propres à la médecine ou à la teinture.

Bordeaux, sur la Garonne (95,000 hab.), dont le port commode et sûr peut contenir près de 1000 vaisseaux ; cette ville, une des plus riches et des plus florissantes du royaume, fait un grand commerce des vins de son territoire ; on y remarque un très beau pont de 17 arches sur la Garonne et une salle de spectacle qui passe pour la plus belle de l'Europe.

227.

Donnez quelques détails sur les villes remar-
quables des départemens de l'ouest.

LA ROCHELLE (15,000 hab.), qui a une rade
sûre et un bon port défendu par deux tours.

ANGOULÊME (17,000 habit.), sur le sommet
d'une montagne au pied de laquelle coule la
Charente. Cette ville possède des fabriques de
papiers.

POITIERS, sur le Clain (22,000 hab.)

RENNES (30,000 hab.), au confluent de l'Ille
et de la Vilaine. Cette ville fait un grand commerce de beurre, et possède des fabriques de
toile et des blanchisseries de cire.

NANTES, sur la Loire (75,000 hab.), une des
villes les plus commerçantes et les plus consi-
dérables du royaume. On y construit beaucoup
de vaisseaux. Elle possède des manufactures de
cordage et fait un grand commerce d'instrumens
d'agriculture.

BREST (30,000 hab.), ville forte, premier port
de la marine militaire de France, un des plus
beaux et des plus sûrs de l'Europe. La rade de
Brest peut contenir 500 vaisseaux de guerre.
Cette ville a un bagne et une école royale de marine.

ANGERS, sur la Maine (29,000 hab.), ville ancienne et considérable, appelée *la Ville Noire*,
à cause de la couleur des ardoises qui en cou-
vrent les maisons. Elle exporte des ardoises,
des toiles et des vins blancs. Elle a une école

royale des arts-et-métiers et une manufacture royale de toiles peintes.

LE MANS, sur la Sarthe (19,000 hab.), est le centre d'un commerce considérable de volaille ; elle a des blanchisseries de toile et de cire fort estimées.

228.

Donnez quelques détails sur les villes remarquables des départemens du centre.

ORLÉANS, sur la Loire (40,000 hab.), grande et belle ville, très commerçante. Elle a des raffineries de sucre, des fabriques de vinaigre, d'eaux-de-vie, de bonneterie, etc.

CLERMOND-FERRAND (28,000 hab.), ville très commerçante, bâtie en laves. On y remarque la fontaine de Saint-Allyre, célèbre par ses eaux pétrifiantes, qui ont formé une chaussée de 230 pieds.

LIMOGES, sur la Vienne (24,000 hab.), ville très commerçante.

BOURGES, sur l'Auron (20,000 hab.), ville très ancienne, dont la cathédrale est une des plus belles de France.

TOURS, sur la Loire (27,000 hab.), qui a des fabriques d'étoffes de soie, de laine et de coton, et fait un grand commerce de pruneaux. On y remarque la cathédrale, un beau pont sur la Loire, et la rue Royale.

SECTION VII.
COURS DES FLEUVES.

LEÇON I.
PRINCIPAUX FLEUVES DE L'EUROPE.

229.

Où la Tamise prend-elle sa source, par où passe-t-elle et dans quelle mer se jette-t-elle? La Tamise se forme en Angleterre des rivières de Tam et d'Isis, arrose Reading, Windsor, Londres, et se jette dans la mer du Nord à Sherness.

230.

Où le Niémen prend-il sa source, etc.? Le Niémen prend sa source au sud de Minsk en Russie, sépare la Pologne de la Russie, traverse la Russie, passe à Grodno et à Kowno en Russie, à Tilsitt en Prusse, et se décharge dans la mer Baltique par plusieurs embouchures, au-dessous de Mémel.

231.

Où la Newa prend-elle sa source, etc.? La Newa sort du lac Ladoga, traverse Saint-Pétersbourg, et se jette dans le golfe de Finlande, vis-à-vis de l'île de Cronstadt.

232.

Où le Dniéper prend-il sa source, etc.? Le Dniéper ou l'ancien Borysthène prend sa source en Russie dans le gouvernement de Smolensk,

6.

arrose Smolensk, Mohilev, Kiev, forme un grand nombre de cataractes, baigne Ekaterinoslav, Kherson, et se jette dans la mer Noire à Otchakov.

233.

Où le Don prend-il sa source, etc.? Le Don, autrefois appelé Tanaïs, prend sa source en Russie près de Toula, passe près de Voronez, arrose Tcherkask, et se jette dans la mer d'Azof à Azof.

234.

Où le Volga prend-il sa source, etc.? Le Volga, un des plus grands fleuves du monde, sort du lac Selinguer en Russie, dans le gouvernement de Tver, arrose Tver, Jaroslav, Kostroma, Nijnei-Novgorod, Kasan, Simbirsk, Saratov, Astracan, et se jette dans la mer Caspienne par 70 embouchures après un cours de 700 lieues.

235.

Où l'Oural prend-il sa source, etc.? L'Oural prend sa source aux monts Ourals en Russie dans le gouvernement d'Orenbourg, sépare la Russie d'Europe de celle d'Asie, arrose Orenbourg et se jette dans la mer Caspienne.

236.

Où le Rhône prend-il sa source, etc.? Le Rhône prend sa source en Suisse au mont Furca, traverse la Suisse et la France, passe près de Sion, traverse le lac de Genève, arrose Genève, se perd dans un gouffre et reparaît 60 pas plus loin; arrose Seyssel où il devient navigable,

Lyon, Vienne, Tournon, Valence, Montélimart, Pont-Saint-Esprit, Avignon, Tarascon, Beaucaire, Arles, et se jette dans la Méditerranée par plusieurs embouchures.

237.

Où la Saône prend-elle sa source, etc.? La Saône prend sa source dans le département des Vosges, près de Plombières, arrose Gray, où elle devient navigable, Auxonne, Châlons, Mâcon, Trévoux, et se jette dans le Rhône à Lyon.

238.

Où l'Isère prend-il sa source, etc.? l'Isère prend sa source au mont Iserano dans les Alpes, traverse la Savoie et la France, arrose Montiers, Montmeillan où il devient navigable, Grenoble, et joint le Rhône entre Tournon et Valence.

239.

Où la Durance prend-elle sa source, etc.? La Durance prend sa source dans les Alpes au mont Genèvre, arrose Briançon, Embrun, Sisteron, Cavaillon et se jette dans le Rhône au-dessous d'Avignon.

240.

Où la Garonne prend-elle sa source, etc.? La Garonne prend sa source en France au val d'Aran, dans les Pyrénées, passe par Muret où elle est déjà navigable, Toulouse, Castel-Sarrasin, Agen, Aiguillon, Marmande, Bordeaux, le bourg du Bec-d'Ambez, où elle reçoit la Dordogne, et prend le nom de Gironde jusqu'à son embouchure dans l'océan Atlantique.

241.

Où le Tarn prend-il sa source, etc.? Le Tarn prend sa source au mont Lozère, dans les Cévennes, arrose Alby où il devient navigable, Gaillac, Montauban, et se jette dans la Garonne à Moissac.

242.

Où le Lot prend-il sa source, etc.? Le Lot prend sa source dans le département de la Lozère, aux monts Cévennes, arrose Mende, Entraygues où il devient navigable, Cahors, et joint la Garonne à Aiguillon.

243.

Où la Dordogne prend-elle sa source, etc.? La Dordogne se forme au pied du Mont-Dore, dans le département du Puy-de-Dôme, de deux ruisseaux nommés la Dore et la Dogne, elle est navigable lorsqu'elle entre dans le département auquel elle donne son nom, elle arrose Bergerac, Libourne, et se jette dans la Garonne au bourg du Bec d'Ambez.

244.

Où la Charente prend-elle sa source, etc.? La Charente prend sa source en France dans le département de la Haute-Vienne, arrose Angoulême où elle est déjà navigable, Cognac, Saintes et Rochefort, et se jette dans l'Océan vis-à-vis de l'île d'Oléron.

245.

Où la Loire prend-elle sa source, etc.? La Loire prend sa source en France au mont Gerbier-le-Joux dans les Cévennes, arrose le Puy, Roanne, où elle devient navigable, Nevers, la Charité-sur-Loire, Cosne, Briare, Gien, Orléans, Blois, Tours, Saumur, Nantes, et se jette dans l'Océan à Paimbœuf.

246.

Où l'Allier prend-il sa source, etc.? L'Allier prend sa source dans le département de la Lozère aux Monts Cévennes, arrose Brioude, Issoire, Vichy, Moulins, et se jette dans la Loire au-dessous de Nevers.

247.

Où le Cher prend-il sa source, etc.? Le Cher prend

sa source près d'Aubusson dans le département de la Creuse, arrose Montluçon, Saint-Amand, Saint-Agnan, où il devient navigable, et se jette dans la Loire entre Tours et Saumur.

248.

Où l'Indre prend-il sa source, etc. ? L'Indre prend sa source dans le département de la Creuse, arrose la Châtre, Châteauroux, Châtillon, Loches, et se jette dans la Loire.

249.

Où la Vienne prend-elle sa source, etc.? La Vienne prend sa source dans le département de la Haute-Vienne, arrose Limoges, Confolens, Chatellerault, devient navigable au-dessus de cette dernière ville, passe à Chinon, et joint la Loire à Candé.

250.

Où la Mayenne prend-elle sa source, etc.? La Mayenne prend sa source dans le département de l'Orne, arrose Mayenne, Laval où elle devient navigable, Château-Gontier, reçoit la Sarthe, prend le nom de Maine, passe à Angers, et se jette dans la Loire au-dessous de cette ville.

251.

Où la Seine prend-elle sa source, etc.? La Seine prend sa source en France dans le département de la Côte-d'Or, près de Saint-Seine; elle arrose Châtillon, Bar-sur-Seine, Troyes, Méry où elle devient navigable, Nogent-sur-Seine, Melun, Corbeil, Paris, Mantes, Elbeuf, Rouen, et se jette dans la Manche entre le Havre-de-Grâce et Honfleur.

252.

Où l'Aube prend-elle sa source, etc.? L'Aube prend sa source dans le département de la Haute-Marne, passe à Bar, à Arcis, où elle devient navigable, et se jette dans la Seine.

253.

Où l'Yonne prend-elle sa source, etc.? L'Yonne

prend sa source dans le département de la Nièvre, près de Château-Chinon, arrose Auxerre où elle devient navigable, Joigny, Sens, et joint la Seine à Montereau-Faut-Yonne.

254.

Où la Marne prend-elle sa source, etc.? La Marne prend sa source près de Langres, dans le département de la Haute-Marne, arrose Joinville, où elle devient navigable, Vitry-le-Français, Châlons, Epernay, Château-Thierry, Meaux, et joint la Seine à Charenton.

255.

Où l'Oise prend-elle sa source, etc.? L'Oise prend sa source dans la forêt des Ardennes, près de Rocroy, arrose Guise, la Fère, Chauny où elle devient navigable, Noyon, Compiègne, Pontoise, et se jette dans la Seine au-dessous de cette ville.

256.

Où l'Eure prend-elle sa source, etc.? L'Eure prend sa source dans le département de l'Orne, passe à Chartres, près de Dreux et devient navigable; arrose Louviers et se jette dans la Seine à Pont-de-l'Arche.

257.

Où la Somme prend-elle sa source, etc.? La Somme prend sa source en France dans le département de l'Aisne, près de celle de l'Escaut, arrose Saint-Quentin, Péronne, Amiens, Abbeville, Saint-Valery, et se jette dans la Manche.

258.

Où l'Escaut prend-il sa source, etc.? L'Escaut prend sa source en France au nord du département de l'Aisne, baigne la France, la Belgique et la Hollande, passe à Cambrai, où il devient navigable, à Valenciennes, à Gand, à Anvers; se divise au Fort-Lillo en deux branches qui forment la plupart des îles dont se compose la Zélande : l'Escaut oriental passe à Berg-op-

Zoom, et l'Escaut occidental prend le nom de Hont à son entrée dans la mer du Nord, près de Flessingue.

259.

Où la Scarpe prend-elle sa source, etc.? La Scarpe prend sa source au nord-ouest d'Arras, baigne la France et la Belgique, traverse Arras où elle devient navigable, Douai, et se jette dans l'Escaut.

260.

Où la Lys prend-elle sa source, etc.? La Lys prend sa source dans le département du Pas-de-Calais, baigne la France et la Belgique, arrose Aire où elle devient navigable, Courtrai, et se jette dans l'Escaut à Gand.

261.

Où la Meuse prend-elle sa source, etc.? La Meuse prend sa source en France dans le département de la Haute-Marne près de Langres, baigne la France, la Belgique et la Hollande, passe à Commercy, à Verdun, où elle devient navigable, à Sedan, à Mézières, à Givet, à Dinant, à Namur, à Liège, à Maëstricht, à Ruremonde; reçoit le Wahal et le Leck, arrose Dordrecht, Rotterdam, forme un grand nombre de bras, et se jette, par deux embouchures principales, dans la mer du Nord.

262.

Où la Sambre prend-elle sa source, etc.? La Sambre prend sa source au nord du département de l'Aisne, baigne la France et la Belgique, passe par Landrecies où elle devient navigable, Maubeuge, Charleroi, et se jette dans la Meuse à Namur.

263.

Où le Rhin prend-il sa source, etc.? Le Rhin prend sa source au mont Saint-Gothard dans le canton des Grisons en Suisse, arrose Coire où il devient navigable, traverse le lac de Constance, sépare la Suisse, la France et la Bavière Rhénane du grand-duché de Bade, traverse le grand-Duché de Hesse-Darmstadt, côtoie le duché de Nassau, traverse la Prusse-Rhénane et la Hollande, baigne Schaffhausen, a deux cataractes, arrose Bâle, Huningue, Spire, Manheim, Worms, Mayence, Coblentz, Bonn, Cologne, Dusseldorf, Wesel; puis se partage en quatre branches, le Wahal, l'Yssel, le Leck et le Rhin proprement dit; le Wahal et le Leck se jettent dans la Meuse; l'Yssel arrose Déventer et se jette dans le Zuyderzée; le Rhin passe à Utrecht, à Leyde, et se perd dans les dunes ou sables, près de cette dernière ville.

264.

Où l'Aar prend-il sa source, etc.? L'Aar prend sa source dans le canton de Berne, traverse les lacs de Brientz et de Thun, arrose Berne, Soleure, Arau, et se jette dans le Rhin vis-à-vis de Waldshut.

265.

Où le Necker prend-il sa source, etc.? Le Necker prend sa source près de celle du Danube, traverse les états de Wurtemberg et de Bade, passe près de Stuttgard, arrose Heilbron, Heidelberg, et se jette dans le Rhin à Manheim.

266.

Où le Mein prend-il sa source, etc.? Le Mein prend sa source à l'est de la Bavière dont il traverse toute la partie septentrionale, passe près de Bamberg, arrose Wurtzbourg, Francfort, et se jette dans le Rhin vis-à-vis de Mayence.

267.

Où la Moselle prend-elle sa source, etc. ? La Mo-
le prend sa source dans les Vosges, traverse la France et
Prusse Rhénane, arrose Épinal, Toul, reçoit la Meurthe,
sse à Metz où elle devient navigable, à Thionville, à Trè-
s, et se jette dans le Rhin à Coblentz.

268.

Où l'Elbe prend-il sa source, etc. ? L'Elbe prend
source dans les monts Karpathes, au nord
e l'empire d'Autriche, traverse la Bohème, la
axe, la Prusse, sépare le Hanovre du Mecklem-
ourg et du Danemark, arrose Dresde, Wit-
mberg, Dessau, Magdebourg, Lawembourg,
ambourg, Altona, Gluckstadt, et se jette dans
mer du nord à Cuxhaven.

269.

Où l'Oder prend il sa source, etc. ? L'Oder prend
a source aux monts Sudètes, ramification des
monts Karpathes, près d'Oderberg, traverse la
russe, arrose Ratibor où il devient navigable,
Opeln, Breslau, Glogau, Francfort-sur-l'Oder,
t Custrin, se partage en plusieurs branches,
au-dessous de Stettin, et se jette dans la mer
Baltique par plusieurs embouchures.

270.

Où la Vistule prend-elle sa source, etc. ? La Vis-
ule prend sa source dans la Galicie, aux monts
Karpathes, traverse la Pologne et la Prusse,
arrose Cracovie, Varsovie, Thorn et Mariembourg, se divise en plusieurs branches, et se
jette dans la mer Baltique, entre Elbing et
Dantzick.

267.

Où la Moselle prend-elle sa source, etc. ? La Moselle prend sa source dans les Vosges, traverse la France et la Prusse Rhénane, arrose Épinal, Toul, reçoit la Meurthe, passe à Metz où elle devient navigable, à Thionville, à Trèves, et se jette dans le Rhin à Coblentz.

268.

Où l'Elbe prend-il sa source, etc.? L'Elbe prend sa source dans les monts Karpathes, au nord de l'empire d'Autriche, traverse la Bohème, la Saxe, la Prusse, sépare le Hanovre du Mecklembourg et du Danemark, arrose Dresde, Wittemberg, Dessau, Magdebourg, Lawembourg, Hambourg, Altona, Gluckstadt, et se jette dans la mer du nord à Cuxhaven.

269.

Où l'Oder prend il sa source, etc.? L'Oder prend sa source aux monts Sudètes, ramification des monts Karpathes, près d'Oderberg, traverse la Prusse, arrose Ratibor où il devient navigable, Opeln, Breslau, Glogau, Francfort-sur-l'Oder, et Custrin, se partage en plusieurs branches, au-dessous de Stettin, et se jette dans la mer Baltique par plusieurs embouchures.

270.

Où la Vistule prend-elle sa source, etc.? La Vistule prend sa source dans la Galicie, aux monts Karpathes, traverse la Pologne et la Prusse, arrose Cracovie, Varsovie, Thorn et Mariembourg, se divise en plusieurs branches, et se jette dans la mer Baltique, entre Elbing et Dantzick.

271.

Où le Danube prend-il sa source, etc.? Le Danube prend sa source dans la forêt Noire, dans le grand-duché de Bade, traverse le Wurtemberg, la Bavière, l'Autriche, la Hongrie, côtoie la Servie, la Valachie et la Moldavie, baigne Ulm, Ratisbonne, Passaw, Lintz, Vienne, Presbourg, Bude, Pest, Peterwardein, Belgrade, Silistria, Braïlow, Ismaïl, et se jette dans la mer Noire par plusieurs embouchures, après un cours de 55 lieues.

272.

Où le Lech prend-il sa source, etc.? Le Lech prend sa source dans les montagnes du Tyrol, traverse la Bavière, passe par Augsbourg, et se jette dans le Danube près de Donavert.

273.

Où l'Isar prend-il sa source, etc.? l'Isar prend sa source dans les montagnes du Tyrol, traverse la Bavière, arrose Munich, Landshut, Landau, et se jette dans le Danube.

274.

Où l'Inn prend-il sa source, etc.? L'Inn prend sa source dans le canton des Grisons, traverse le Tyrol et la Bavière, passe à Innspruck, et se jette dans le Danube à Passaw.

275.

Où la Drave prend-elle sa source, etc.? La Drave prend sa source dans les montagnes du Tyrol, traverse l'Illyrie, la Styrie, sépare la Croatie et la Slavonie de la Hongrie, arrose Villach, Mahrburg, Petau, Eszek, et joint le Danube près de cette ville.

276.

Où la Save prend-elle sa source, etc.? La Save prend sa source dans la Carniole, traverse l'Illyrie, puis la sépare de la Styrie, traverse la Croatie, sépare l'empire d'Au triche de la Turquie, passe près de Laybach et d'Agram, arrose Siszek, Gradiska, Brod, Sabacz, et se jette dans le Danube à Belgrade, au-dessous de Semlin.

277.

Où la Theiss prend-elle sa source, etc. ? La Theiss prend sa source aux monts Karpathes, traverse la Hongrie, et se jette dans le Danube près de Peterwardein.

278.

Où le Pruth prend-il sa source, etc. ? Le Pruth prend sa source aux Monts Karpathes, dans la Galicie, sépare la Moldavie de l'empire Russe, arrose Czernowicz, et se jette dans le Danube au-dessous de Galatz.

279.

Où le Minho prend-il sa source, etc. ? Le Minho prend sa source en Espagne dans le royaume de Léon, arrose Lugo, Orense, sépare l'Espagne du Portugal, passe à Tuy, et se jette dans l'océan Atlantique au-dessous de cette ville.

280.

Où le Duero prend-il sa source, etc. ? Le Duero prend sa source en Espagne dans la Vieille-Castille, traverse l'Espagne et le Portugal, arrose Soria, Zamora, Miranda, Porto, et se jette dans l'océan Atlantique, au-dessous de cette ville.

281.

Où le Tage prend-il sa source, etc. ? Le Tage prend sa source en Espagne dans la Nouvelle-Castille sur les frontières de l'Aragon, traverse l'Espagne et le Portugal, arrose Tolède, Alcantara, Santarem, Abrantès, Lisbonne, et se jette dans l'océan Atlantique au-dessous de cette ville.

282.

Où la Guadiana prend-elle sa source, etc.? La Guadiana sort des lagunes (1) de la Manche, province de la Nouvelle-Castille en Espagne, se perd bientôt sous terre et reparaît cinq lieues plus loin par des ouvertures appelées les yeux de la Guadiana, arrose Calatrava, Mérida, Badajoz, traverse une partie du Portugal, sépare le royaume des Algarves de l'Andalousie, et se jette dans l'océan Atlantique.

283.

Où le Guadalquivir prend-il sa source, etc.? Le Guadalquivir prend sa source en Espagne sur les confins du royaume de Murcie, au pied de la Sierra Segura, passe à Andujar, à Cordoue, à Séville, et se jette dans l'océan Atlantique à St-Lucar.

284.

Où l'Ebre prend-il sa source, etc.? L'Ebre prend sa source en Espagne, dans les Asturies, près du bourg nommé Fontèbre, côtoie les provinces Basques et la Navarre, arrose Logrono, traverse l'Aragon, passe à Tudela, à Sarragosse, à Tortose, et se jette dans la Méditerranée au-dessous de cette ville.

285.

Où l'Arno prend-il sa source, etc? L'Arno prend sa source en Italie dans les Apennins, traverse la Toscane, passe près d'Arezzo, ar-

---

(1) On entend par lagunes de petits lacs ou des flaques d'eau dans un pays marécageux.

rose Florence , et Pise , et se jette dans la Méditerranée au nord de Livourne.

286.

Où le Tibre prend-il sa source, etc.? Le Tibre prend sa source dans les Apennins, en Toscane, passe près de Pérouse, traverse l'état de l'Eglise, arrose Rome, et se jette dans la Méditerranée à Ostie.

287.

Où le Pô prend-il sa source, etc.? Le Pô prend sa source près du mont Viso, arrose le Piémont, sépare le royaume Lombard-Vénitien des états de Parme, de Modène et de l'Eglise; passe par Carignano, Turin, Casal, Plaisance, Crémone, Revero, et se jette dans le golfe de Venise par plusieurs embouchures , près du lac de Comacchio.

288.

Où le Tessin prend-il sa source, etc.? Le Tessin prend sa source près du mont Saint-Gothard, arrose Bellinzone, traverse le lac Majeur, passe à Pavie, et se jette dans le Pô.

289.

Où l'Adda prend-il sa source, etc.? L'Adda prend sa source dans les Alpes, arrose Sondrio, traverse le lac de Côme; passe par Lodi, et se jette dans le Pô entre Crémone et Plaisance.

290.

Où l'Adige prend-il sa source, etc.? L'Adige prend sa source dans les montagnes du Tyrol, traverse le Tyrol et le royaume Lombard-Vénitien, arrose Trente, Vérone, et se jette dans le golfe de Venise près de l'embouchure du Pô.

LEÇON II.
FLEUVES D'ASIE, D'AFRIQUE ET D'AMÉRIQUE.

291.

Où le Gange prend-il sa source, par où passe-t-il et dans quelle mer se jette-t-il? Le Gange prend sa source aux monts Himalaya, baigne la vaste plaine de l'Hindoustan, arrose Benarès, Patna, et se jette dans le golfe du Bengale par un grand nombre de branches qui forment un immense delta. Une de ces branches, appelée l'Hougli, est regardée par les Hindous comme sacrée ; elle passe à Chandernagor et à Calcutta.

292.

Où l'Indus prend-il sa source, etc.? L'Indus ou Sind prend sa source au sud du Tibet, franchit l'Himalaya, sépare le royaume de Lahore de celui de Kaboul, reçoit un grand nombre d'affluens dont le plus considérable est Setledje, arrose Haïderabad et Tatta, et se jette dans la mer d'Oman par plusieurs embouchures.

293.

Où le Tigre prend-il sa source, etc.? Le Tigre se forme de deux branches qui descendent toutes deux des monts Taurus, sépare le Kurdistan de l'Aldjézireh, arrose Mossoul et Bagdad, et se réunit à l'Euphrate au-dessous de Corna.

294.

Où l'Euphrate prend-il sa source, etc.? L'Euphrate se forme comme le Tigre de deux branches qui descendent du Taurus, il sépare l'Anatolie et la Syrie de l'Aldjézireh, et se joint au Tigre; les deux fleuves forment par leur réunion le Chat-el-Arab (la rive des Arabes) qui passe à Bassora et se jette dans le golfe Persique.

295.

Où le Nil prend-il sa source, etc.? Le Nil se forme de la réunion du fleuve Blanc et du fleuve Bleu, parcourt la Nubie, franchit plusieurs cataractes, traverse l'Egypte du sud au nord, baigne le Caire, se partage au-dessous de cette ville en plusieurs branches qui forment un vaste delta, et se décharge dans la Méditerranée. Les deux bras principaux du Nil sont : celui de Rosette à l'ouest et celui de Damiette à l'est.

296.

Où le fleuve Saint-Laurent prend-il sa source, etc.? Le fleuve Saint-Laurent sort du lac Ontario, arrose Montréal et Québec, et se jette dans l'océan Atlantique, vis-à-vis de l'île d'Anticosti.

297.

Où le Mississipi prend-il sa source, etc.? Le Mississipi sort de plusieurs petits lacs, au nord des Etats-Unis, reçoit le Missouri, l'Ohio, l'Arkansas, la rivière Rouge, et se jette dans le golfe du Mexique, au-dessous de la Nouvelle-Orléans, après un cours d'environ mille lieues.

298.

Où l'Orénoque prend-il sa source, etc.? L'Orénoque prend sa source dans la Colombie, communique par un bras nommé le Cassiquiare avec le Rio-Negro, et se jette dans l'Océan par un grand nombre d'embouchures.

299.

Où le fleuve des Amazones prend-il sa source, etc.? Le fleuve des Amazones ou le Maranon, le plus grand fleuve de la terre, prend sa source dans les Andes, traverse le Pérou et la Colombie, baigne le nord du Brésil, reçoit un grand nombre de rivières, entre autres l'Ucayalé, le Rio-Negro, le Madeira, le Topayos et le Xingu, et se jette dans l'Océan après un cours de mille à onze cents lieues.

300.

De quels affluens se forme le Rio-de-la-Plata, etc.? Le Rio-de-la Plata se forme de quatre grandes rivières, qui sont : le Paraguay, le Pilcomayo, le Paranna et l'Uruguay, arrose Buenos-Ayres et Monte-Video, et se jette dans l'Océan par une embouchure presque aussi large que la Manche.

SECTION VIII.

DÉFINITION ET USAGE

DES CERCLES TRACÉS SUR LA MAPPEMONDE.

301.

Qu'entend-on par mappemonde? On appelle *Mappemonde* une carte qui représente le globe terrestre divisé en deux parties ou demi-sphères ou hémisphères.

302.

A quoi servent toutes les lignes tracées sur la mappemonde? Les lignes qui sont tracées sur la Mappemonde, et dont l'ensemble forme une espèce de réseau, servent à déterminer la position des diverses parties du globe.

303.

Quels noms donne-t-on à chacune de ces lignes? Les lignes droites qui sont censées passer par le centre de la terre prennent les noms d'*axe* et de *diamètre*; les lignes circulaires ou cercles, tracées sur la surface du globe, sont appelés, suivant leur grandeur et leur position, *équateur, méridien, cercles des tropiques* et *cercles polaires.*

304.

Comment divise-t-on ces cercles? On est convenu de diviser tout cercle en 360 parties égales que l'on appelle degrés et qui s'indiquent ainsi (360°); chaque degré se subdivise en 60 parties qu'on appelle minute de degré et se marquent ainsi (60'); et chaque minute en 60 secondes qui s'écrivent ainsi (60").

305.

Qu'est-ce que l'axe de la terre? L'axe de la terre est une ligne imaginaire que l'on suppose passer par son centre, et autour de laquelle elle est censée tourner une fois en 24 heures. L'axe de la terre est figuré sur la mappemonde par une ligne droite tracée verticalement du nord au sud.

306.

Comment nomme-t-on les extrémités de l'axe? Les extrémités de l'axe de la terre se nomment *pôles*; l'un est le pôle nord ou arctique; l'autre le pôle sud ou antarctique.

307.

Qu'est-ce que le diamètre de la terre? Le diamètre de la terre est la ligne qui, passant par le centre, a les deux extrémités à la circonférence de la terre; sur la mappemonde cette ligne coupe l'axe perpendiculairement en deux parties égales, et se confond avec le diamètre de l'équateur.

308.

Qu'est-ce-que l'équateur? L'équateur qu'on appelle aussi *ligne équinoxiale* ou simplement la *ligne* est un grand cercle également éloigné des deux pôles et coupant la terre en deux parties égales : l'hémisphère septentrional et l'hémisphère méridional.

309.

Qu'est-ce-que le méridien? Le méridien est un grand cercle qui passe par les deux pôles, coupe l'équateur et partage la terre en deux hémisphères appelés l'un hémisphère oriental, l'autre hémisphère occidental.

310.

Combien peut-on tracer de méridiens? On peut tracer autant de méridiens que l'on conçoit de points sur l'équateur.

311.

Qu'entend-on par premier méridien? Les géographes regardent comme premier méridien celui que l'on est convenu de prendre pour point de départ. Ce premier méridien varie selon les pays. Ainsi en France on regarde comme premier méridien celui qui passe à Paris ; en Angleterre c'est celui qui passe à Greenwich, etc.

312.

Qu'est-ce que les tropiques? Les tropiques sont deux petits cercles parallèles à l'équateur ; l'un au nord, à 23° et demi, se nomme *tropique du cancer* ; l'autre au sud à la même distance se nomme *tropique du capricorne.*

313.

Qu'est-ce que les cercles polaires? Les cercles polaires, ainsi appelés parce qu'ils déterminent les régions qui entourent les pôles, sont des cercles parallèles aux tropiques et à l'équateur, et éloignés des pôles de 23° et demi ; il y en a deux : le cercle polaire arctique et le cercle polaire antarctique.

314.

Comment ces cercles dits parallèles, divisent-

ils la terre? Les cercles parallèles que nous venons de nommer divisent la terre en cinq bandes ou zones, savoir : 1° la *zone torride*, les deux *zones tempérées* et les deux *zones glaciales*. La zone torride est la partie du globe comprise entre les deux tropiques; elle est divisée en deux parties égales par l'équateur. Les zones tempérées sont situées l'une dans l'hémisphère septentrional, l'autre dans l'hémisphère méridional. Elles sont comprises : celle du nord entre le tropique du cancer et le cercle polaire arctique, celle du sud entre le tropique du capricorne et le cercle polaire antarctique. Les zones glaciales sont les deux calottes sphériques dont l'une environne le pôle nord et l'autre le pôle sud.

315.

Qu'entend-on par longitude? La longitude d'un lieu est la distance de ce lieu au premier méridien. La longitude est ou orientale, ou occidentale, selon que le lieu est situé à l'orient ou à l'occident du premier méridien.

316.

Comment compte-t-on les degrés de longitude? Les degrés de longitude se comptent sur l'équateur. Ce cercle étant divisé en 360 parties dont 180 à l'est du premier méridien et 180 à l'ouest.

317.

Comment les degrés de longitude sont-ils indiqués sur les globes ou sur les cartes? Les degrés de longitude sont indiqués par des méridiens qui coupent l'équateur de 10 en 10 ou de 15 en 15 degrés.

318.

Qu'est-ce que la latitude? La latitude d'un lieu est la distance de ce lieu à l'équateur; la latitude est ou septentrionale ou méridionale, selon que le lieu est situé au nord ou au sud de l'équateur.

319.

Comment compte-t-on les degrés de latitude? Les degrés de latitude se comptent sur le premier méridien; ce cercle étant, comme l'équateur, divisé en 360 parties, dont 180 au nord de l'équateur et 180 au sud.

320.

Comment les indique-t-on sur les globes ou sur les cartes? Les degrés de latitude sont indiqués par des lignes ou des cercles parallèles à l'équateur, et distans l'un de l'autre de 10 en 10 ou de 15 en 15 degrés.

321.

Montrez comment la longitude et la latitude déterminent un point sur le globe ou sur la carte. On sait qu'une ville est située par 30° de latitude nord et 30° de longitude orientale. Pour trouver quelle est cette ville, on place un doigt sur le 30ᵉ degré de latitude nord en comptant à partir de l'équateur et suivant le 1ᵉʳ méridien, puis à partir du 1ᵉʳ méridien à l'est, on suit l'équateur jusqu'à la rencontre du 30ᵉ degré, et le point où les deux lignes se rencontrent est la ville cherchée : dans ce cas-ci, c'est la ville du Caire en Égypte.

FIN.

TABLE.

(Les chiffres renvoient aux pages.)

EUROPE, ASIE, AFRIQUE ET AMÉRIQUE.

OCÉANIE.

GÉOGRAPHIE DE LA FRANCE.

COURS DES FLEUVES.